Bildnachweis

APA Publications/Anabel Elston: U2-Top12-10, 12, 15, 30, 38, 58, 66, 76, 78, 80, 86, 105, 114, 123; Bildagentur Huber/Erbetta Davide: 68; Bildagentur Huber/Eigstler: 29; Bildagentur Huber/Giovanni: U2-Top12-04, 72; Bildagentur Huber/Gräfenhain: 5, 56, 61, 101; Bildagentur Huber/Massimo Ripani: 1, 137; Bildagentur Huber/G. Simeone: U2-Top12-11, U2-Top12-12, 6, 109, 121, 126; Bilderberg/Frieder Blickle: 24; Elisabeth Galikowski: 32, 127, 132; Herbert Hartmann: 116, 129; Klaus Peter Hütt: 19, 88, 112,133; Fotodesign Stadler: 39; Fotolia.com/apeschi: U2-Top12-05; Fotolia.com/Bergfee: U2-Top12-03, 2-2; Fotolia.com/Marc Cecchetti: 130; Fotolia.com/Bianca Hagge 110; Fotolia.com/rcaucino: 2-1; Fotolia.com/sumnersgraphicsinc: U2-Top12-01; Fotolia.com/Ralf KabelitzU2-Top12-02; laif/Pierre Adenis: 36; laif/Hedda Eid: 42, 54, 71, 85; laif/Kuerschner: 62; laif/Bertold Steinhilber: 9, 73, 96; LOOK-foto/Uli Seer: 22; LOOK-foto/Andreas Strauss: 107; LOOK-foto/Ingolf Pompe: 46; LOOK-foto/Florian Werner: U2-Top12-07, 82, 90; LOOK-foto/Konrad Wothe: 44, 103; mauritius images/Steffen Beuthan: 99; mauritius images/CuboImages: U2-Top12-06, 41; Pixelio/Südtirolprojekt: U2-Top12-08, 18; Wikipedia.org/Peter Berger: U2-Top12-09.

Polyglott im Internet: www.polyglott.de

Impressum

Wir freuen uns, dass Sie sich für einen Reiseführer aus dem Polyglott-Programm entschieden haben. Auch wenn alle Informationen aus zuverlässigen Quellen stammen und sorgfältig geprüft sind, lassen sich Fehler nie ganz ausschließen. Wir bitten um Verständnis, dass der Verlag dafür keine Haftung übernehmen kann. Ihre Hinweise und Anregungen sind uns wichtig und helfen uns, die Reiseführer ständig weiter zu verbessern. Bitte schreiben Sie uns:
Polyglott Verlag, Redaktion, Postfach 40 11 20, 80711 München, redaktion@polyglott.de

Wir wünschen Ihnen eine gelungene Reise!

Bei Interesse an Anzeigenschaltung wenden Sie sich bitte an:
Langenscheidt KG, Herrn Lachmann
Tel.: 089/3 60 96-438, E-Mail: m.lachmann@langenscheidt.de

Herausgeber: Polyglott-Redaktion
Autoren: Christine Hamel und Klaus-Peter Hütt
Neukonzeption: Klaus-Peter Hütt
Redaktion: SRT Redaktion / Rainer Krause und Polyglott-Verlag
Bildredaktion: Ulrich Reißer und Nina Hille
Layout: Ute Weber, Geretsried
Titeldesign-Konzept: Studio Schübel Werbeagentur GmbH, München
Karten und Pläne: Polyglott Kartografie
Kartografische Bearbeitung: Huber Kartografie
Satz: Anja Kiebler
Druck: Himmer AG, Augsburg
Bindung: »Butterfly«-Bindeverfahren durch Kolibri Industrielle Buchbinderei
geschützt durch Gebrauchsmusteranmeldung Nr. 20 2008 013 299.1

Langenscheidt Mini-Dolmetscher

Allgemeines

Guten Tag.	Buongiorno. [buon**dscho**rno]
Hallo!	Ciao! [**tschao**]
Wie geht's?	Come sta? [**kome** sta]
Danke, gut.	Bene, grazie. [**bäne grazje**]
Ich heiße ...	Mi chiamo ... [mi **kjamo**]
Auf Wiedersehen.	Arrivederci. [arrive**dertschi**]
Morgen	mattina [**mattina**]
Nachmittag	pomeriggio [pomeri**dscho**]
Abend	sera [ße**ra**]
Nacht	notte [**notte**]
morgen	domani [do**mani**]
heute	oggi [od**schi**]
gestern	ieri [**jä**ri]
Sprechen Sie Deutsch?	Parla tedesco? [**parla** te**desko**]
Wie bitte?	Come, prego? [**kome prägo**]
Ich verstehe nicht.	Non capisco. [non ka**pisko**]
Sagen Sie es bitte nochmals.	Lo può ripetere, per favore. [lo puo ri**pätere** per fa**wore**]
..., bitte.	..., per favore. [per fa**wore**]
danke	grazie [**grazje**]
Keine Ursache.	Prego. [**prägo**]
was / wer / welcher	che / chi / quale [ke / ki / **kuale**]
wo / wohin	dove [**dowe**]
wie / wie viel	come / quanto [**kome** / **kuanto**]
wann / wie lange	quando / quanto tempo [**kuando** / **kuanto tämpo**]
warum	perché [per**ke**]
Wie heißt das?	Come si chiama? [**kome** ßi **kjama**]
Wo ist ...?	Dov'è ...? [do**wä**]
Können Sie mir helfen?	Mi può aiutare? [mi puo aju**tare**]
ja	sì [ßi]
nein	no [no]
Entschuldigen Sie.	Scusi. [**skusi**]
Das macht nichts.	Non fa niente. [non fa **njänte**]

Sightseeing

Gibt es hier eine Touristeninformation?	C'è un ufficio di turismo qui? [**tschä** un uffi**tscho** di tu**rismo** kui]
Haben Sie einen Stadtplan / ein Hotelverzeichnis?	Ha una pianta della città / un annuario alberghi? [a una **pjanta della** tschi**tta** / un annu**arjo** al**bärgi**]
Wann ist ... geöffnet?	A che ora è aperto (m.) / aperta (w.) ...? [a **ke** ora ä a**pärto** / a**pärta**]
geschlossen	chiuso (m.) / chiusa (w.) [**kju**so / **kju**sa]
das Museum	il museo (m.) [il mu**seo**]
die Kirche	la chiesa (w.) [la **kjäsa**]
die Ausstellung	l'esposizione (w.) [lesposi**zjone**]
Wegen Restaurierung geschlossen.	In restauro. [in res**tauro**]

Shopping

Wo gibt es ...?	Dove posso trovare ...? [**dowe posso** tro**ware**]
Wie viel kostet das?	Quanto costa? [**kuanto kosta**]
Das ist zu teuer.	È troppo caro. [ä **troppo karo**]
Das gefällt mir (nicht).	(Non) mi piace. [(non) mi **pjatsche**]
Gibt es das in einer anderen Farbe / Größe?	Ce l'ha anche di un altro colore / un'altra taglia? [tsche la **anke** di un **altro** ko**lore** / un **altra talja**]
Ich nehme es.	Lo prendo. [lo **prändo**]
Wo ist eine Bank?	Dov'è una banca? [do**wä** una **bangka**]
Ich suche einen Geldautomaten.	Dove posso trovare un bancomat? [**dowe posso** tro**ware** un bangko**mat**]
Geben Sie mir 100 g Käse / zwei Kilo Pfirsiche	Mi dia un etto di formaggio / due chili di pesche. [mi **dia** un **ätto** di for**madscho** / **due kili** di **päske**]
Haben Sie deutsche Zeitungen?	Ha giornali tedeschi? [a **dschornali** te**deski**]
Wo kann ich telefonieren / eine Telefonkarte kaufen?	Dove posso telefonare / comprare una scheda telefonica? [**dowe posso** telefo**nare** / kom**prare** una **skeda** telefo**nika**]

Notfälle

Ich brauche einen Arzt / Zahnarzt.	Ho bisogno di un medico / dentista. [o bi**sonjo** di un **mädiko** / den**tista**]

Land & Leute

Unterwegs an den Oberitalienischen Seen

Italien und die Schweiz teilen sich den Lago Maggiore: Mit einer Wasserfläche von 216 km² ist der Lago Maggiore nach dem Gardasee der zweitgrößte oberitalienische See. Neben dem See ist das Hinterland mit seinen alpinen Tälern eine Entdeckung wert.

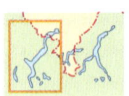

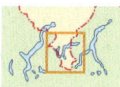
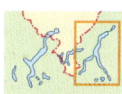

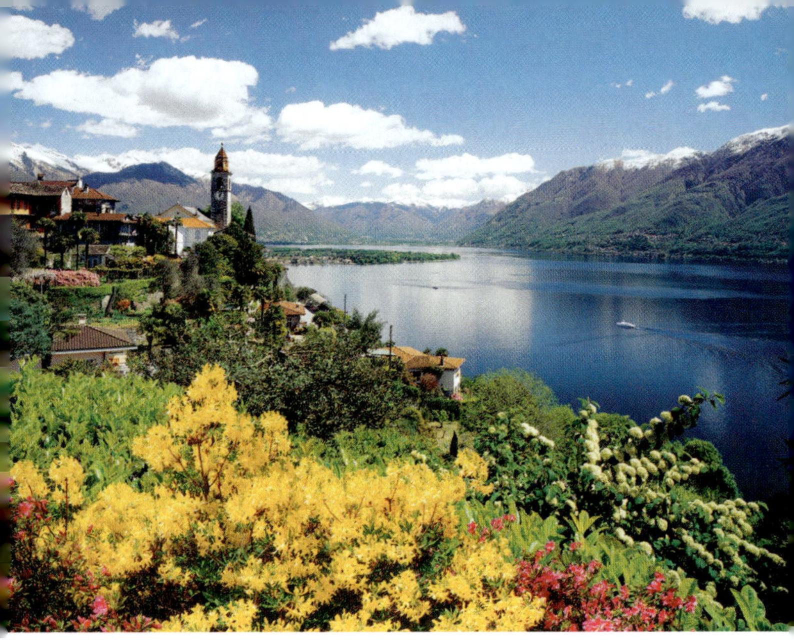

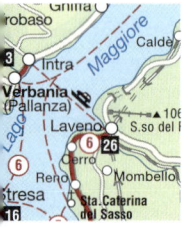

Karten

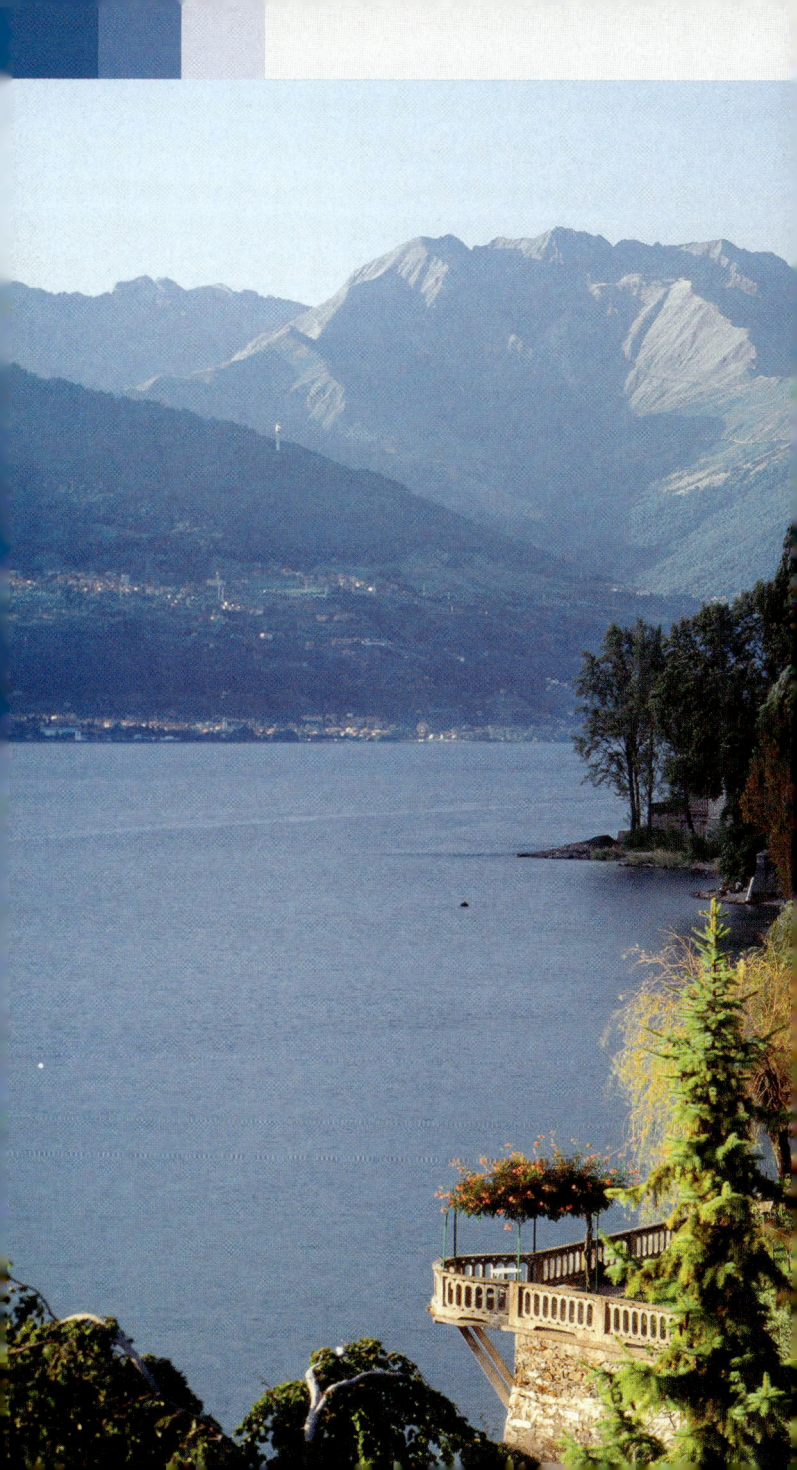

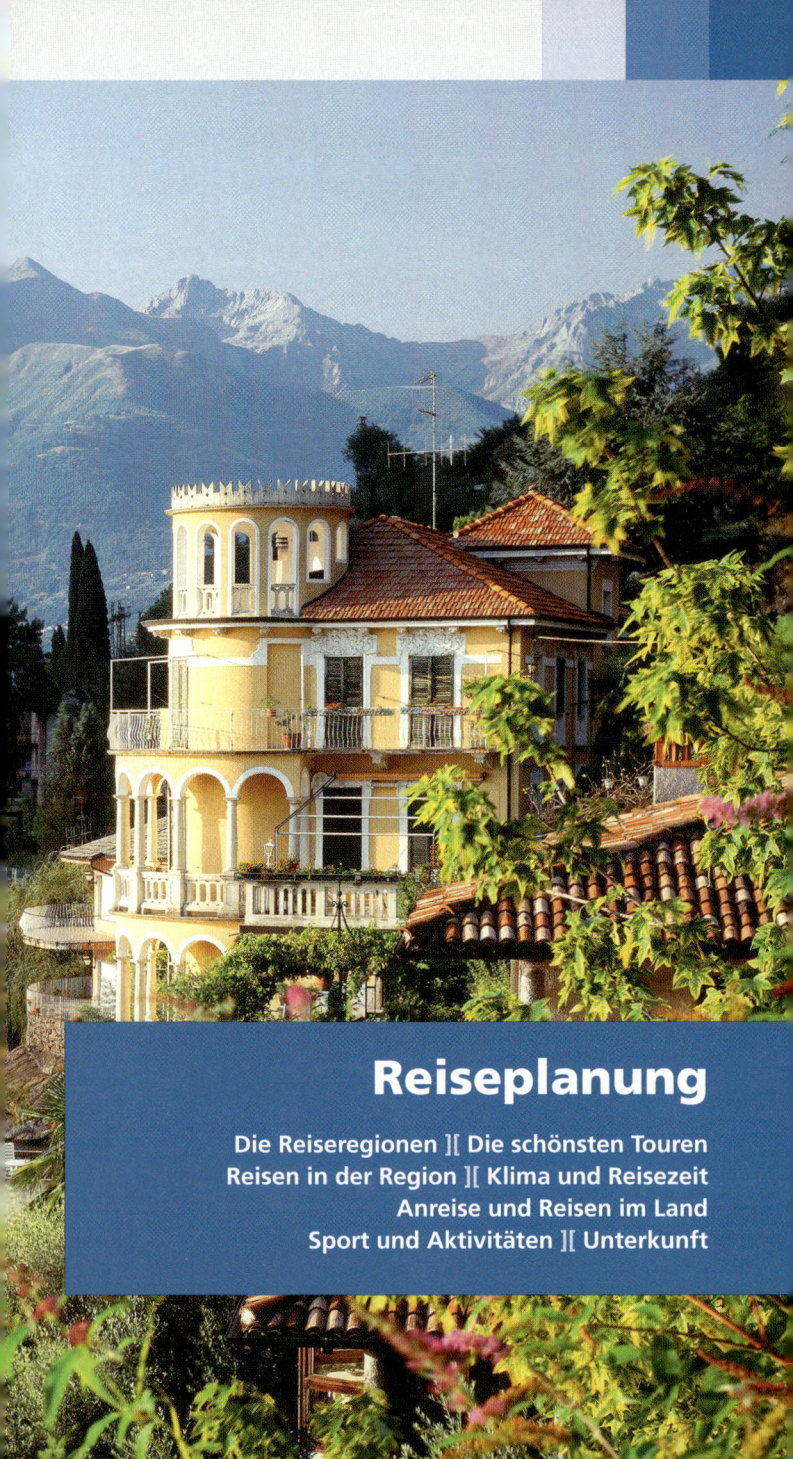

Reiseplanung

Die Reiseregionen im Überblick

Reisende erliegen seit jeher dem Zauber der Seengruppe zwischen Palmen und ewigem Eis, zu der neben dem **Lago Maggiore** und dem **Comer See** auch die verträumten **Seen des Varesotto**, die kleinen Voralpenseen der **Brianza**, der geheimnisvolle **Ortasee** und der **Luganer See** gehören. Der Zusammenklang von Bergen, die ewiger Schnee verzuckert, und Wasserflächen, die von Steilwänden bis in üppige, subtropische Gartenlandschaften reichen, ist von besonderem Reiz. Die beiden italienischen Regionen **Lombardei** und **Piemont** sowie der Schweizer Kanton **Tessin** teilen sich die Seen. Das sorgt für Abwechslung und Vielfalt in der Küche wie auch beim Wein. Kulturell hat man es mit einer einheitlichen Region zu tun, die ihre Prägung vor allem unter den Mailänder Herrschergeschlechtern Visconti und Sforza erfahren hat.

Am **Lago Maggiore** wird das Westufer vom Tourismus stärker frequentiert als das rauere Ostufer. Kulturelles Zentrum am Nordende des Sees sind die Zwillingsstädte **Locarno** und **Ascona** mit ihren historischen Altstädten, zahlreichen Museen und dem bereits südländischen Ambiente. Der Nordwesten des Lago ist Treffunkt der Camperszene: Cannobio Lido zählt zu den beliebtesten Badeplätzen am See, und das benachbarte Cannero Riviera ist für sauberes Wassers bekannt. Wichtigstes touristisches Zentrum ist der **Borromäische Golf** mit den Städten **Verbania** und **Stresa**. Das milde Klima, die üppige Vegetation botanischer Gärten und palmenbestandene Promenaden machen diese Ecke seit dem 19. Jh. zum Reiseziel der gehobenen Gesellschaft, mit prunkvollen Belle-Epoque-Hotels und einer guten touristischen Infrastruktur. Kultureller Höhepunkt sind die berühmten Borromäischen Inseln. Für Kulturfreunde und Schnäppchenjäger lohnt der Abstecher zum benachbarten **Lago d´Orta**. Das östlich anschließende **Varesotto**, liegt zwar im Schatten der großen Seen, bietet jedoch für archäologisch Interessierte und Freunde moderner Kunst einige Leckerbissen. Badeurlauber wählen im Süden des Lago Maggiore den Lago di Monate oder den Lago di Mergozzo am Borromäischen Golf – beide zählen zu den saubersten Gewässern der Region. Das rauere Nordostufer des Lago Maggiore hat kulturell weniger zu bieten, besitzt aber gute Badeplätze um Maccagno, Zenna und Castelveccana sowie herrliche Aussichtsberge für Wanderer um das Val Veddasca.

Der **Luganer See** gehört zwar nicht zu den saubersten Gewässern, und die Region um **Lugano** ist dicht besiedelt, aber die Landschaftskulisse, das angenehme Klima und das reiche kulturelle Angebot machen Stadt und See zu einem Urlaubsrefugium mit internationalem Ruf. Schicke Hotels, ein ausgezeichnetes gastronomisches Angebot, zwei

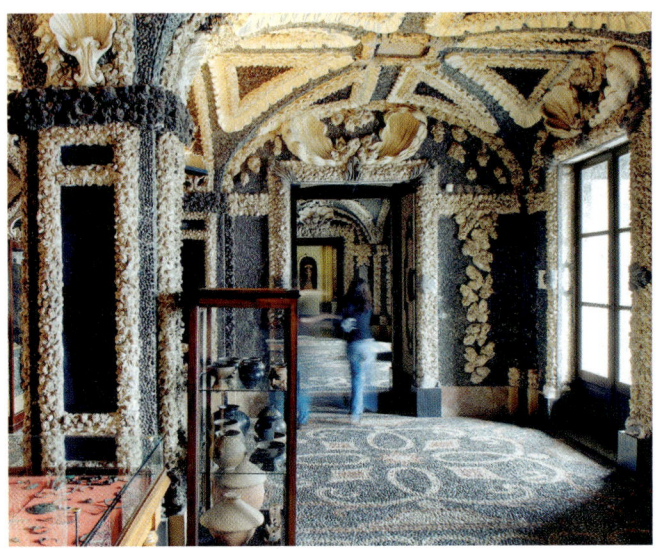

Muschelgrotte im Palazzo Borromeo auf der Isola Bella

Spielcasinos und ein abwechslungsreiches Umland tun ein Übriges. Das **Malcantone**, westlich von Lugano, ist ein beliebtes Ziel von Kulturwanderern, während das dicht besiedelte, industrialisierte **Mendrisotto** im Süden zunächst nur wenig Reize zeigt, dem interessierten Besucher allerdings einige kulturelle Perlen bietet. Der eher beschauliche **Ostarm** des Luganer Sees ist von steilen Hängen umgeben. Vorwiegend Wanderer kommen dorthin, um die Bergwelt am Nordufer zu erklimmen.

Wie der Lago Maggiore zeigt auch der **Comer See** eine typische Dreiteilung: einen industrialisierten Süden um die Städte Como und Lecco, eine mondäne Seemitte mit mildem Klima und üppiger Vegetation und einen bodenständigen Norden, der sich eher an sportlich orientierte Erholungssuchende wendet. Das **Westufer** (v.a. der westliche der beiden Seearme) ist auch hier lohnender als der östliche Teil. Deshalb ist im Sommer hier einiges los, und auf den Uferstraßen staut sich der Verkehr. Im Süden des Westarms liegt das wohlhabende **Como** mit seiner sehenswerte Altstadt, architektonischen Besonderheiten, guten Einkaufsmöglichkeiten und hochpreisigem Hotelangebot. Der Westarm zählt zu den am stärksten verschmutzten Gewässern des Landes, weshalb man dort auf ein Bad verzichten und sich auf die kulturellen Höhepunkte des folgenden Uferabschnittes mit seinen noblen Villen und herrlichen Gärten konzentrieren kann. Vor allem zur Seemitte hin wird es zunehmend mondän: Der **Tremezzina** genannte Abschnitt zwischen Cadenabbia und Lenno hat das mildeste Klima und die üppigste Blü-

tenpracht, was schon im 19. Jh. eine zahlungskräftige Klientel anlockte. Gleiches gilt für das gegenüberliegende Bellagio, das man am besten per Boot erreicht. Der Ort liegt an der Spitze der – wenig interessanten - Halbinsel, die beide Seearme trennt. Der **Lago di Lecco** genannte Ostarm hat nur wenig zu bieten, es sei denn man zählt zu den erfahrenen Bergsteigern, denen die schroffe Bergwelt des Parco delle Grigne und der Resegone fast ausschließlich vorbehalten ist. Das **Ostufer** ist touristisch weniger bedeutsam, mit Ausnahme der Altstadt von Lecco, des hübschen Ortes Varenna und der Abtei von Piona. Der **Nordteil** des Sees bietet zahlreiche Campingplätze und Ferienwohnungen. Dort ist das Mekka der Surfer mit Domaso als Szenetreff. Dort, in Sorico und Gravedona locken lange, z.T. kinderfreundliche Badestrände, und im bergigen Hinterland tummeln sich Wanderer und Mountainbiker.

Die schönsten Touren

La Dolce Vita für zwei Wochen

① Ascona › Verbania › Stresa › Borromäische Inseln › Orta San Giulio › Angera › Luino › Lugano › Varese › Como › Lenno › Tremezzo › Mandello del Lario

Distanzen:
Locarno › Stresa 55 km › Borromäische Inseln; Stresa › Orta San Giulio 30 km; Orta San Giulio › Angera 40 km; Angera › Luino 45 km; Luino › Lugano 25 km; Lugano › Varese 40 km; Varese › Como 30 km; Como › Lenno 25 km, Lenno › Tremezzo/Griante › Varenna Autofähre, 20 Min.; Varenna › Mandello del Lario 15 km

Verkehrsmittel:
Die vorgeschlagene Route ist bevorzugt mit dem eigenen Auto zu unternehmen.

Mediterranes Ambiente und Marktstimmung, nette Cafés und japanische Teezeremonie auf dem Monte Verità: Das alles sollten Sie während einiger Tage in ****Locarno** › S. 52 und ***Ascona** › S. 57 bereits genossen haben, bevor Sie sich auf den Weg nach Süden machen. Freunde dicker Rauchwaren besuchen in **Brissago** › S. 60 die Zigarrenfabrik, bevor es nach ***Verbania** › S. 63 und zu den Gärten der ****Villa Taranto**

> S. 66 geht. Die ****Borromäischen Inseln** > S. 70 sind selbst für Kulturmuffel ein Höhepunkt. Wie wäre es dann mit einer Partie Golf in ***Stresa** > S. 68, einer Espresso-Maschine von Alessi in **Omegna** > S. 73 oder einem Bummel durch ***Orta San Giulio** > S. 71? Die nächsten Höhepunkte bilden die Burg von **Angera** > S. 76, das Pfeifenmuseum in **Brebbia** > S. 77 und das Museum für Keramikdesign in **Laveno** > S. 78. Trubel herrscht auf dem Mittwochsmarkt in **Luino** > S. 79. Danach folgt ein Katzensprung zum Luganer See, wo Sie in ****Lugano** > S. 94 internationales Flair, in ****Morcote** > S. 101 exotische Momente und in **Melide** > S. 100 die Schweiz »en miniature« erleben können. Abends können Sie dann in der italienischen Enklave **Campione d´Italia** > S. 103 Ihr Glück in Europas größtem Casino versuchen. Die beste Aussicht auf den Luganer See genießen Sie bei **Arogno** > S. 104, die beste Aussicht auf ein Schnäppchen haben Sie in der Foxtown von **Mendrisio** > S. 106. Von dort aus unternehmen Sie einen Abstecher zur Villa Panza in **Varese** > S. 83. Dann lockt städtisches Ambiente in ****Como** > S. 114. George Clooneys Villa steht im nahen **Laglio** > S. 121, und Sie sollten sich – wie die Prominenz – zum Abendessen in die Locanda dell'Isola auf der **Isola Comacina** > S. 122 begeben. Von Ihrem Übernachtungsquartier in **Lenno** > S. 123 fahren Schiffe dorthin. Wie schick es sich am Lario lebt, zeigt Ihnen in ***Tremezzo** > S. 124 die ****Villa Carlotta** mit ihren Gärten. Nach der Überfahrt von Griante nach Varenna kommen in **Mandello del Lario** > S. 133 die Männer zu Ihrem Recht: am Geburtsort der legendären »Guzzis«. Als Übernachtungsstationen empfehlen sich Locarno oder Ascona, Stresa, Luino, Lugano, Como und Lenno.

Kulturelle Höhepunkte in 14 Tagen

② Locarno/Ascona > Stresa > Borromäische Inseln; Stresa > Orta San Giulio > Stresa > Sesto Calende > Laveno > Varese > Como > Lugano > Bellagio > Abtei von Piona > Gravedona

Distanzen:
Locarno/Ascona > Stresa 55 km; Stresa > Borromäische Inseln; Stresa > Orta San Giulio 30 km; Orta San Giulio > Stresa 40 km; Stresa > Laveno 55 km; Laveno > Varese 30 km; Varese > Como 50 km; Como > Lugano 35 km; Lugano > Bellagio 35 km, Fähre ca. 5 Min.; Bellagio > Colico 70 km; Colico > Gravedona 20 km

Verkehrsmittel:
Die vorgeschlagene Route ist bevorzugt mit dem eigenen Auto zu unternehmen.

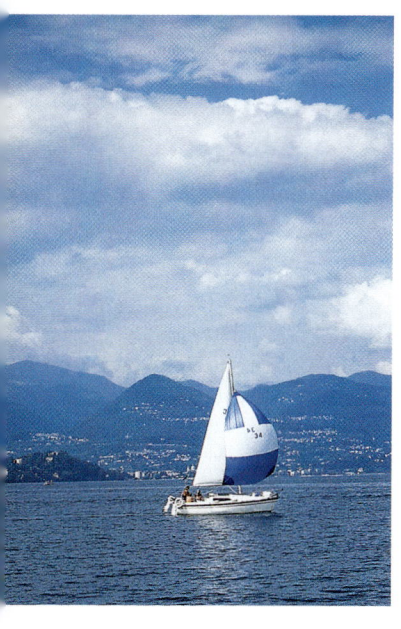

Nach drei Tagen, in denen Sie die Altstädte und Museen von ****Locarno** › S. 52 und ***Ascona** › S. 57 entdeckt und Ausflüge nach Brione im ****Val Verzasca** › S. 56 und zu den ***Isole di Brissago** › S. 57 unternommen haben, fahren Sie nach ***Verbania** › S. 63, um die Gärten der **Villa Taranto und das Museo del Paesaggio zu besichtigen. Noch am selben Abend geht es weiter nach ***Stresa** › S. 68, wo Sie für die folgenden drei Nächte eine der zahlreichen Unterkünfte wählen. Der nächste Tag ist dem Besuch der ****Borromäischen Inseln** › S. 70 gewidmet, tags darauf unternehmen Sie eine Rundfahrt zum ***Lago d´Orta** › S. 71. Per Boot geht es auf die ***Isola di San Giulio** › S. 72 und auf dem Rückweg stehen der *****Sacro Monte** › S. 73 und **Arona** › S. 74 auf dem Programm. Am nächsten Tag widmen Sie sich den Spuren der Golasecca-Kultur in **Sesto Calende** › S. 75 und der borromäischen Burg von **Angera** › S. 76, bevor Sie ****Santa Caterina del Sasso** › S. 77 besuchen. Nach einer Übernachtung bei **Laveno** › S. 78 steht die *Villa della Porto Bozzolo in **Casalzuigno** › S. 88 auf dem Programm, bevor es in die Provinzhauptstadt **Varese** › S. 83 geht. Ein Stadtspaziergang und der Besuch der **Villa Panza runden den Tag ab. Auf dem Weg nach Como ist ein Abstecher nach Süden eingeplant, um Santa Maria foris portas in ***Castelseprio** › S. 88 und ***Castiglione Olona** › S. 89 zu besuchen. Der Abend und der nächste Tag gehören dem eleganten ****Como** › S. 114. Auf dem Weiterweg zum Luganer See haben Sie die bedeutenden Sakralbauten von **Riva San Vitale** › S. 105 schnell erreicht, bevor Sie ****Lugano** › S. 94 ansteuern. Lassen Sie sich für die Stadt und ihr Umland ruhig zwei Tage Zeit. Danach fahren Sie nach ***Tremezzo** › S. 124, um die **Villa Carlotta zu besichtigen. Das Auto kommt dann mit auf die Fähre nach ****Bellagio** › S. 125, wo Sie ein Hauch von Belle Epoque umfängt. Am nächsten Tag folgen Sie der Uferstraße nach **Civate** › S. 136 und nach einem kurzen Rundgang durch **Lecco** › S. 134 geht es weiter zur ***Abtei von Piona** › S. 131. Nach einer letzten Übernachtung in der Villa Colico › S. 131 folgt nochmals ein Abstecher zum Westufer, um die beiden *Kirchen in **Gravedona** › S. 129 nicht zu verpassen.

Ohne Auto um die Seen in 14 Tagen

━③━ Locarno ❯ Verbania ❯ Stresa ❯ Borrom. Inseln ❯ Angera ❯ Santa Caterina del Sasso ❯ Stresa ❯ Luino ❯ Ponte Tresa ❯ Lugano ❯ Como ❯ Lenno ❯ Bellagio ❯ Gravedona ❯ Colico ❯ Varenna

Länge:

Locarno ❯ Verbania per Boot, ca. 2 ¾ Std.; **Verbania ❯ Stresa** per Boot, ca. 50 Min.; **Stresa ❯ Luino** per Boot, ca. 45 Min.; **Luino ❯ Ponte Tresa** per Bus ab Piazza della Libertá, 32 Min.; **Ponte Tresa ❯ Lugano** per Zug, 52 Min.; **Lugano ❯ Como** Zug, ca. 45 Min.; **Como ❯ Lenno ❯ Bellagio** per Boot; **Bellagio ❯ Gravedona** per Boot 40 Min.; **Gravedona ❯ Colico** per Boot 10 Min.; **Colico ❯ Ravenna** per Boot oder Zug 30 Min.

Verkehrsmittel:

Diese Art des Reisens erfordert etwas Planungsaufwand; je nach Route fällt die Fahrtdauer zwischen den Häfen z.T. unterschiedlich aus. Hotels in der Nähe des Bootsanlegers sparen Taxikosten.

Nach zwei Tagen in ****Locarno ❯** S. 52 und ***Ascona ❯** S. 57 steigen Sie am Sonntag in Locarno ins Schnellboot, das Sie über den See nach ***Verbania ❯** S. 63 bringt, direkt zu den ****Gärten von Taranto**. Nutzen Sie den Nachmittag für Museumsbesuche, bevor Sie am folgenden Tag nach ***Stresa ❯** S. 68 weiterreisen, wo Sie für zwei Nächte Ihr Quartier beziehen und einen Ausflug zu den ****Borromäischen Inseln ❯** S. 70 unternehmen. Am nächsten Tag geht es nach **Angera ❯** S. 76 und ****Santa Caterina del Sasso ❯** S. 77. Mittwochs ist Markttag in **Luino ❯** S. 79, nehmen Sie das frühe Boot. Nach dem Marktbummel bleibt noch Zeit für einen Ausflug mit dem Bus zur ***Villa della Porta Bozzolo** in **Casalzuigno ❯** S. 88. Am nächsten Tag bringen Sie Bus und Bahn nach ****Lugano ❯** S. 94, wo Sie für drei Nächte bleiben – genug, um die Stadt zu erkunden und Kreuzfahrten nach **Caslano ❯** S. 100, **Riva San Vitale ❯** S. 105 und **Cantine di Gandria ❯** S. 98 zu unternehmen. Am Sonntag bringt Sie der Zug nach ****Como ❯** S. 114, wo Sie sich den Museen widmen und am Folgetag durch die Stadt bummeln. Dienstags geht es per Boot nach **Lenno ❯** S. 123 und ***Tremezzo ❯** S. 124. Dort können Sie die Villen Balbianello und ****Carlotta** besichtigen. Ihr Hotel finden Sie in Lenno. Tags darauf folgt eine kurze Bootsfahrt nach ****Bellagio ❯** S. 125, um dort den Tag (und eine Nacht) zu verbringen. Der Ausflug am Folgetag zeigt Ihnen schließlich die ***Kirchen von Gravedona ❯** S. 129, die **Abtei von Piona ❯** S. 131 und ***Varenna ❯** S. 131.

Zwei Wochen Wanderurlaub an den Seen

Länge:
Locarno 〉 **Alpe di Neggia** 30 km; **Locarno** 〉 **Malcantone** (Mugena) 40 km; **Mugena** 〉 **Sorico** (Alto Lario) 65 km; **Sorico** 〉 **Lecco** (Le Grigne/Resegone) 45 km

Verkehrsmittel:
Am einfachsten gestaltet sich diese Tour mit dem eigenen Pkw, jedoch können alle Startpunkte der Wanderungen auch mit öffentlichen Verkehrsmitteln (meist Busse, in den Tälern westlich Locarno auch die Centovalli-Bahn) erreicht werden. Zur Cimetta, am Monte Lema, Monte Brè und Monte Generoso können Berg- oder Seilbahnen als Aufstiegshilfe benutzt werden.

Ihr Standortquartier für eine Woche suchen Sie sich in in ****Locarno** 〉 S. 52. Vor dort aus starten Sie am besten mit einigen leichten Wanderungen in den **Tälern Maggia, Onsernone, Centovalli** 〉 S. 60 und ****Verzasca** 〉 S. 56. Eine angemessene Steigerung bringt dann das erste höhere Ziel, die Wanderung von der Bergstation **Cimetta** 〉 S. 56 zur Cima della Trosa, einem der schönsten Aussichtsberge des Tessin. Von dort haben Sie bereits Ihr nächstes Zielgebiet vor Augen: die Berge bei ***Indemini** 〉 S. 80 am Ostufer des Lago Maggiore. Eine kurze Fahrt bringt Sie zur **Alpe di Neggia** 〉 S. 80, von der aus Sie den Monte Gambarogno und den Monte Tamaro besteigen können. Verlegen Sie dann Ihren Standort für fünf Tage ins **Malcantone** 〉 S. 99, das westlich von Lugano liegt. Dort warten auf Sie zwei leichte Themenwanderungen unter dem Motto Kastanienkultur und Bergbau sowie eine etwas anstrengendere Tour auf den Monte Lema. Auch die Touren um ****Lugano** 〉 S. 94 sind vom Malcatone aus schnell erreicht. Auf den ****Monte Generoso** 〉 S. 105, 1701 m hoch und südlichster Aussichtsberg des Tessins, fährt eine Zahnradbahn ab Capolago. Die letzten 100 Höhenmeter zum Gipfel geht man in 20 Min. Auch beim **Monte Brè** 〉 S. 98 verkürzt eine Bergbahn den Aufstieg. Vom Monte Brè aus kann neben einer Tageswanderung auch eine mehrtägige Überschreitung der Gipfel um das Val Colla unternommen werden. Alternativ können Sie einige dieser Gipfel auch vom italienischen Bergort ***Cavargna** 〉 S. 102 aus erklim-

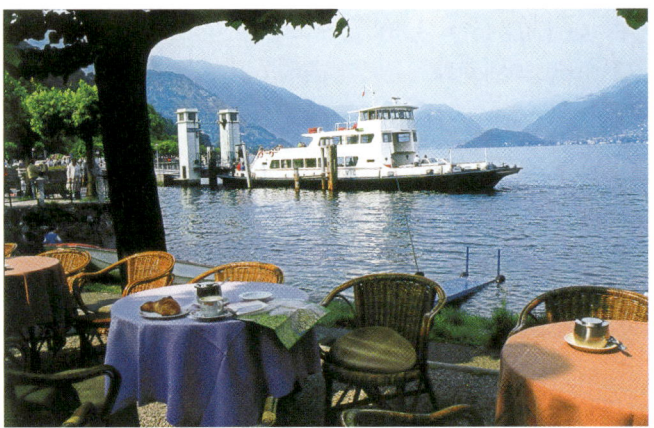

Geruhsames Sightseeing per Schiff

men, der als Abstecher an Ihrer Route zum Comer See liegt. Das Nord-ufer des Sees zählt zur Region Alto Lario mit zahlreichen Wandermög-lichkeiten entlang der Route **Menaggio** ❭ S. 128 – **Sorico** ❭ S. 130. Am gegenüberliegenden Ufer bietet das Massiv des Monte Legnone bei **Co-lico** ❭ S. 130 ebenfalls schöne Touren. Den Abschluss Ihrer Wanderreise bildet schließlich der ***Parco delle Grigne** ❭ S. 137. Zu den Piani Resi-nelli im Parco delle Grigne führt eine Fahrstraße. Von dort sind – für Geübte – zahlreiche Touren möglich.

Touren in den Regionen

Touren	Region	Dauer	Seite
Ohne Auto um den Lago Maggiore	Lago Maggiore	5 Tage	48
Rundfahrt im Süden	Lago Maggiore	3 Tage	49
Lago d'Orta	Lago Maggiore	2 Tage	49
Kult(o)ur im Mendrisiotto	Luganer See	1 Tag	92
Rundfahrt um die Halbinsel Ceresio	Luganer See	1 Tag	92
Kreuzfahrt auf dem Luganer See	Luganer See	1 Tag	93
Villen, Gärten und Kirchen	Comer See	3 Tage	111
Wandern im Parco delle Grigne	Comer See	1 Tag	112

Klima und Reisezeit

Das Tessin gilt als der »Sonnenbalkon der Schweiz«, denn die atlantischen Strömungen prallen an den Alpen ab, und südlich davon bestimmt mildes Mittelmeerklima das Wetter. Bei oft wolkenlosem Himmel sorgt meist eine frische Brise für angenehme Temperaturen. Doch eine Schönwettergarantie gibt es weder am Lago Maggiore noch am Comer See. Vor allem im Frühjahr (Mai) und im Herbst (Sept./Okt.) muss

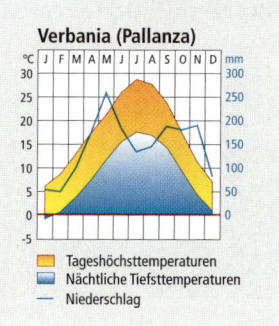

Verbania (Pallanza)

Tageshöchsttemperaturen
Nächtliche Tiefsttemperaturen
Niederschlag

man mit wolkenbruchartigen Niederschlägen rechnen. Der Wasserspiegel der Seen steigt dann mitunter bedrohlich an, und ganze Orte werden überflutet. Die Winter sind südlich der Alpen relativ mild, oft fällt das Thermometer nicht einmal unter Null Grad. Das riesige Wasserreservoir der Seen sorgt für ein ausgeglichenes Klima, sowohl im Sommer als auch im Winter.

Die schönste Zeit für Reisen an die oberitalienischen Seen ist der **Frühling**, wenn die Mimosen und Kamelien vor den schneebedeckten Berggipfeln blühen und das Schmelzwasser die Bäche in rauschende Flüsse verwandelt. Badefreunde kommen erst im Juni zum Zug – dann aber bis in den September hinein. Im **Sommer**, besonders während der italienischen Schulferien im Juli und August, können verstopfte Straßen sowie überfüllte Hotels und Campingplätze das Stimmungsbild trüben. Eine rechtzeitige Vorreservierung ist dann unbedingt angebracht.

Ruhiger und besinnlicher wird es wieder im **Herbst**, wenn die große Zeit der Pilze und Maronen beginnt. Auch wenn die Tage mitunter schon kühl werden, kann man noch in einem der Cafés sitzen und das geruhsame Treiben auf den Straßen beobachten. Auch Bergsteiger können sich auf den Herbst freuen: In der klaren Luft hat man dann eine fantastische Fernsicht bis Mailand und auf die Viertausender der Alpen.

Im Winter gehören die oberitalienischen Seen ganz den Einheimischen. Zu dieser Jahreszeit verirrt sich kaum ein Reisender dorthin, und die Tourismusbranche erholt sich von den Strapazen der Saison. Die leer gefegten Cafés sowie die geschlossenen Hotels und Restaurants verbreiten eine melancholische Stimmung, und die Gegend fällt in den Winterschlaf.

Anreise

Mit dem Flugzeug

Der Flugplatz Lugano-Agno (www.lugano-airport.ch, Shuttle Bus zum Flughafen Tel 0 79-2 21 42 43) ist täglich von zahlreichen deutschen Städten mit Zwischenstopp (Zürich bzw. Genf) zu erreichen. Zu den Flughäfen Milano-Linate bzw. Milano-Malpensa (www.sea-aeroporti milano.it) bestehen ebenfalls täglich mehrere Flugverbindungen. Billigflüge werden ab Berlin, Bremen, Düsseldorf, Frankfurt-Hahn, Hannover, Köln-Bonn, Lübeck, Stuttgart, Weeze (bei Kleve) und Wien zum Flughafen Orio al Serio von Bergamo (Stand Januar 2009, www.sacbo.it, 40 km südöstlich Lecco) angeboten.

Mit der Bahn

Die wichtigste und schnellste Bahnverbindung zwischen Deutschland, der Schweiz und der Lombardei ist die Gotthardlinie: Zwischen Basel, Lugano und Chiasso verkehren Züge im Stundentakt (auch EC und IC). Im Bereich von Lago Maggiore und Comer See bestehen folgende Bahnverbindungen: Locarno–Luino–Laveno–Sesto Calende; Simplon–Stresa–Sesto Calende; Laveno–Varese–Mailand; Como–Mailand; Como–Lecco; Mailand–Lecco–Colico. **Fahrkarten:** Sowohl die SBB (Schweizerische Bundesbahnen) als auch die italienischen FS (Ferrovie Statale) bieten verschiedene Tarife und Sondertarife an. Info: www.bahn.de, www.sbb.ch, www.ferroviedellostato.it

Mit dem Auto

Die schnellsten Anfahrtswege sind die St.-Gotthard-Autobahn (durch den 16,3 km langen Scheiteltunnel) und die San-Bernardino-Route (durch einen 6,6 km langen Tunnel); für die Benutzung der Autobahnen ist eine Vignette nötig. Sie gilt vom 1. Dezemberer bis zum 31. Januar des übernächsten Jahres und kostet 26,50 Euro. Auch die Nutzung der italienischen Autobahnen ist gebührenpflichtig. Die Preise richten sich nach der Streckenlänge. Pro 100 Kilometer sind für Pkw etwa fünf Euro zu zahlen.

Neben Diesel gibt es nur noch bleifreies bzw. bleihaltiges Superbenzin. Zahlreiche Tankstellen haben auf Geld- und Kreditkarten-Automaten umgestellt, viele schließen früh am Abend und bieten dann auch den Tankautomatservice. Daher sollte man 10- oder 20-Franken-Scheine, für Italien 10-Euro-Scheine vorrätig halten!

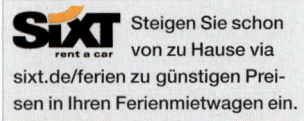

Reisen in der Region

Verkehrsregeln

In der **Schweiz** beträgt die Höchstgeschwindigkeit in geschlossenen Ortschaften 50 km/h, außerorts 80 km/h, auf Autobahnen 120 km/h. Für Fahrzeuge mit Anhänger gilt: maximal 80 km/h. Auf Bergstraßen hat der bergseitig Fahrende Vorrang! Von dieser Regelung ausgenommen sind nur die Postautobusse, die auf den dafür ausgeschilderten Strecken (blaue Hinweistafel mit gelbem Posthorn) immer Vorfahrt haben. In **Italien** darf auf Autobahnen 130 km/h gefahren werden, auf Landstraßen gilt Tempo 90 km/h, in Ortschaften 50 km/h. Zu schnelles Fahren ahndet die Polizei drakonisch. Außerhalb von Ortschaften muss grundsätzlich mit Abblendlicht gefahren werden. Das Mitführen einer Signalweste (Prüfzeichen EN 471) im Fahrerraum ist vorgeschrieben. Sie muss bei Verlassen des Autos auf Autobahnen und Landstraßen getragen werden. In den Städten gilt: Falschparker werden abgeschleppt.

Mit dem Schiff

Alle größeren Orte an den Seen sind mit Linien- oder Kreuzfahrtschiffen zu erreichen. Während der Wintermonate ist der Fahrplan ausgedünnt. Zu verschiedenen Zeiten und mit unterschiedlichen Booten (Schnellboote) werden ggf. unterschiedliche Orte angelaufen. **Autofähren** pendeln zwischen Intra und Laveno (Lago Maggiore) sowie Menaggio, Varenna und Bellagio (Comer See). Weitere Informationen und Fahrpläne: www.navigazionelaghi.it und www.lakelugano.ch.

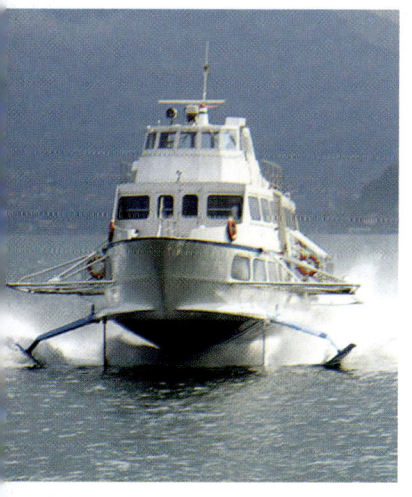

Mit dem Bus

Das gut ausgebaute Netz der gelben Postbusse in der Schweiz erschließt auch kleinste Täler und Ortschaften. Zu empfehlen ist eine Platzreservierung. Das ist auf jedem Postamt möglich. Weitere Informationen: www.autopostale.ch. Auch in den italienischen Provinzen Como, Varese und Novara kommt man mit dem (blauen) Bus überall hin. Auskunft über Abfahrtsstellen und -zeiten erhält man bei den örtlichen Verkehrsvereinen.

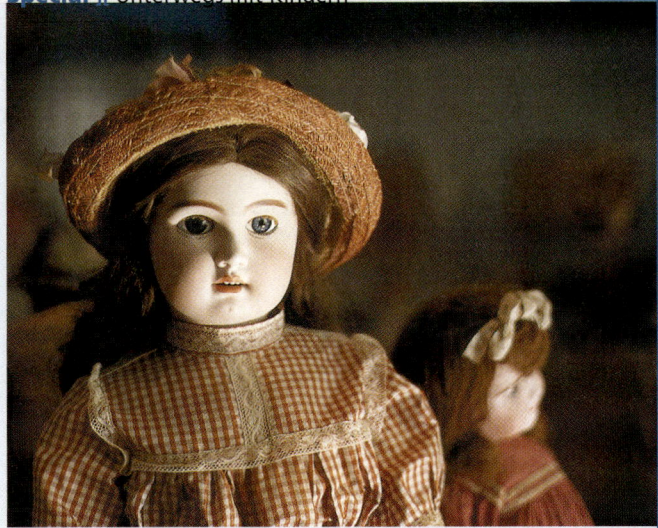

Unterwegs mit Kindern

Kultur für große und kleine Kinder

Puppen aus verschiedenen Ländern und Epochen bewohnen die zahlreichen Vitrinen; meist blicken sie stumm vor sich hin, manche haben aber durchaus eine gewisse Eigendynamik: Es sind Puppenautomaten, deren Funktion im Film gezeigt wird. Aber nicht nur dieses Kinderspielzeug, das klein und groß begeistert, findet sich in der **Rocca di Angera**. Die Burg selbst ist bereits der Hit für kleine Ritter und Burgfräulein > S. 76. Eine wunderschöne Ergänzung hierzu bietet die Sammlung historischer Puppentheater auf der **Isola Madre** mit ihren kunstvollen Kulissen > S. 70. Ein Theater anderer Art bezaubert in Verscio: Das **Teatro Dimitri** entführt ohne viele Worte in die Welt der Komik und Clowns > S. 56. Eine wahre Fundgrube für Kinder ist das **Verkehrsmuseum** in Ranco > S. 77. In dieser kunterbunten Sammlung können die Kids die Welt der Verkehrstechnik erkunden, wobei es auch hierzu es eine wundervolle Ergänzung gibt: das

---

Fattoria del Toce

Via al Monterosso 30

28900 Verbania

Tel. 03 23 40 40 89

www.fattoriadeltoce.it

Pflanzen- und Tierpark mit Kaninchen, Ponys und anderen, bei Kindern beliebten Haustieren. März–Anfang Nov., 9–12, 14.30–18 Uhr, Mo geschl.

Hochseilgärten

Um den Lago Maggiore haben sich für abenteuerlustige Eltern und deren Kinder mehrere Hochseilgärten etabliert. Das Überwinden der Strecken zwischen den Bäumen, meist von Plattform zu Plattform, fördert Gleichgewichtssinn und Konzentrationsfähigkeit. Unterschiedliche Schwierigkeitsstufen lassen eine stete Steigerung der Anforderungen zu. Nach einer Einführung (Briefing) kann man sich gut gesichert einige Stunden in luftiger Höhe den verschiedenen Herausforderungen stellen.

■ **Parco Avventura**
Via Tratto di Fondo 2a
6596 Gordola
Tel.0 91-7 45 22 28
www.adventurepark.ch
Hochseilgarten mit sieben Schwierigkeitsstufen. Juli/August 10–18 Uhr, letzter Eintritt und letztes Briefing 16 Uhr.

■ **Monte Tamaro**
6802 Rivera
Tel. 0 91-9 46 23 03
Mitte März–Anfang Nov. 9–17 Uhr;
Hochseilgarten mit Kinderparcours und Rodelbahn zwischen Locarno und Lugano. Juli/August bis 18 Uhr, letztes Briefing 14 bzw. 15 Uhr.

■ **Lago Maggiore Adventure Park**
Strada Cavalli 18
28831 Baveno
Tel. 03 23 91 97 99
www.lagomaggiore
adventurepark.com
Hochseilgarten mit Kletterwand und Bike-Parcours. März–Nov. 10–16, im Sommer bis 23 Uhr.

Moto Guzzi Museum in Mandello del Lario am Comer See › S. 133. Vor allem Jungs und ihre Väter werden sich für die Sammlung der legendären Motorräder begeistern. Eines der beliebtesten Ausflugsziele für die ganze Familie ist der Freizeitpark **Swissminiatur** in Melide am Luganer See › S. 100, wo die Schweiz im Maßstab 1:25 nachgebaut ist. Von dort ist es nicht weit nach Caslano, wo der Traum aller Leckermäuler wahr wird: ein **Schokoladenmuseum** › S. 100.

Badespaß für die ganze Familie

Urlaub an den oberitalienischen Seen bedeutet in der warmen Jahreszeit vor allem auch Badespaß. Zahlreiche Badeplätze und Strandbäder säumen die Ufer, wobei das **Bagno Pubblico** von **Ascona** eine gewisse Ausnahme darstellt: Der Eintritt ist frei! Besonders für Familien eignen sich auch der saubere **Lago di Mergozzo,** in dessen Nähe sich zahlreiche Campingplätze befinden, sowie der **Lago di Monate** am Ostufer des Lago Maggiore › S. 87. Sollte die Sonne einmal nicht scheinen, sorgt der **Aquapark California** bei Balerna mit langen Rutschbahnen, Wellen- und Kinderbecken sowie Ocean Surf für Abwechslung (Mo–Fr 9–22 Uhr, Sa/So bis 20 Uhr).

Aquapark California
Via S. Gottardo 4
6828 Balerna
Tel. 09 16 95 70 00
www.california-acquapark.ch

Sport und Aktivitäten

Wassersport

Segeln, Tauchen, Motorboot fahren und Wasserski laufen kann man den ganzen Sommer; in den größeren Ferienorten findet man entsprechende Schulen. Treffpunkt der Wind- und Kitesurfer ist der nördliche Comer See und dort die Orte Domaso, Gera Lario und Colico.

Radfahren

An Wochenenden sind an den Seen zahllose *girini*, Radfahrer, unterwegs. Fahrräder *(biciclette)* kann man im Tessin an größeren Bahnhöfen mieten. Beschilderte Radwege gibt es dort u.a. zwischen Ascona und Bellinzona. Die **Ciclovia dei Laghi** führt über 310 km von Corico über Lecco nach Como und weiter um den Lago di Varese nach Ponte Tresa (www.cicloviadeilaghi.it).

■ Verleih Cicli Prezan
Viale V. Veneto 9][28822 Cannobio][Tel. 0 32 37 12 30][www.cicliprezan.it
■ Bici & Company][
Piazzale Lido 8][28838 Stresa][Tel. 34 08 73 83 28

Wandern

Das Hinterland der Seen eignet sich vorzüglich zum Wandern. Sowohl im Tessin als auch rund um den Comer See besteht ein gut markiertes Wegenetz mit einfachen bis hin zu alpinen Routen. Durch das Varesotto führt der Fernwanderweg **Via Verde Varesina**. Eine Karte kann man unter www.vareselandoftourism.it, »Veröffentlichungen« downloaden.

Klettern

Ein Kletterdorado sind die Grigne nördlich von Lecco. Auch der Felsen bei Ponte Brolla im Valle Maggia ist ein begehrtes Kletterterrain.

Canyoning

In Wasserfällen abzuseilen und in türkisfarbene Gumpen zu springen gilt als Trendsport im Tessin, dem Canyoning-Eldorado der Schweiz.
■ Canyoning Adventure
Canyoning- & Wildwasserschule][Azienda La Finca][6705 Cresciano
Tel. 0 78-7 40 69 96][www.canyoningadventure.ch
Für sportliche Naturen mit Abseilkenntnissen im Maggia- und Verzasca-Tal.
■ Canyoning on tours
Via La Gheta][6500 Bellinzona][Tel. 0 79-7 64 01 67
www.canyoningontours.ch
Auch leichte Einsteigertouren im Hinterland von Ascona.

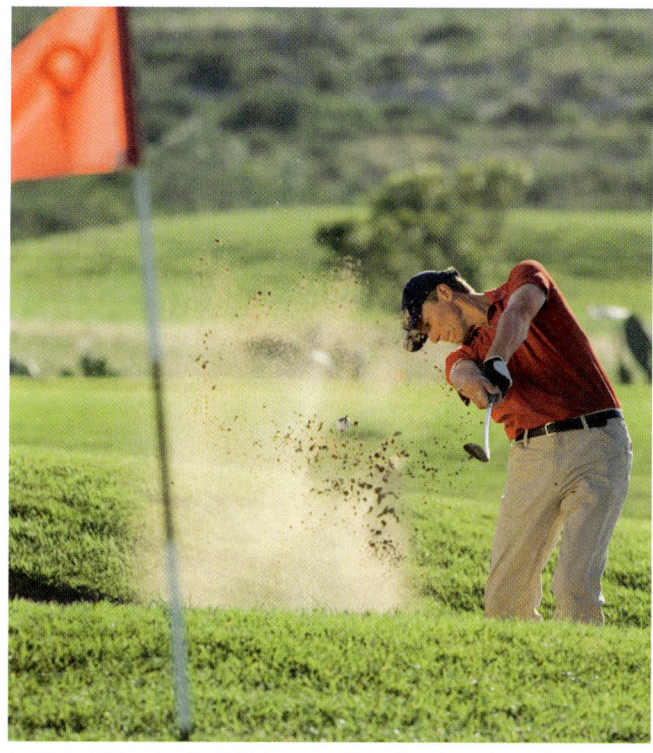

Landschaftlich reizvolle Golfplätze rund um die Oberitalienischen Seen

Golf

Das Gebiet ist wegen des milden Klimas und der großen Auswahl an Plätzen beliebt bei Golfern. Gastspieler benötigen einen Clubausweis mit eingetragener Platzerlaubnis. An Sonn- und Feiertagen wird häufig ein bestimmtes Handicap verlangt. Als schönster Platz der Schweiz gilt der **Golf Club Patriziale** in Ascona. Es ist ein 18-Loch-Platz, der auf Hcp. 30 limitiert ist. Landschaftlich besonders schön liegen die Plätze in Grandola ed Uniti und Brovello-Carpugnino > S. 69.

■ Golf Club Patriziale
Via Lido 81][6612 Ascona][Tel. 0 91-7 91 21 32][www.golf.ascona.ch
■ Golfplatz Grandola ed Uniti
Via Golf 12][22010 Grandola ed Uniti][Tel. 0 34 43 21 03][www.menaggio.it

Paragliding

Der Club Volo Libero Ticino (+41 79/7 15 09 56, www.cvlt.ch) bietet unterschiedliche Kurse an.

Unterkunft

Ob man in einer alten Villa aus dem 17. Jh., in einer *casa rustica* oder auf dem Campingplatz wohnen möchte: Sowohl das Tessin als auch die Lombardei und das Piemont bieten eine Fülle von unterschiedlichen Übernachtungsmöglichkeiten.

Luxusherbergen findet man vor allem auf der Schweizer Seite des Lago Maggiore, in der Gegend um Verbania, am Luganer See und in Como: Dort residiert man mitunter in fürstlichem Ambiente. Neben den Vier- und Fünfsternehotels gibt es auch zahlreiche komfortable **Mittelklassehotels**, die oft mit Swimmingpool, Klimaanlage oder Satelliten-TV ausgestattet sind.

Kleinere Hotels im Familienbetrieb findet man vor allem am Ostufer des Lago Maggiore und in den Orten und Städten im Hinterland der Seen. Dort kann man auch in kleineren **Pensionen** übernachten oder ein Zimmer von Privatleuten mieten. Die Hotels, die abseits der Uferstraßen in den Bergen liegen, sind häufig weniger ausgebucht und bieten oftmals großartige Ausblicke.

Campingplätze liegen meist direkt am Wasser und sind komfortabel ausgestattet. Am Ostufer des Lago Maggiore gibt es in Maccagno schöne Plätze, am Westufer kann man in Cannobio, bei Feriolo und Fondotoce gut campen. Am Comer See findet man gute Plätze zwischen Menaggio und Sorico sowie im Süden um Lecco. Und im Tessin bieten sich die Campingplätze in der Gegend um Tenero am Lago Maggiore und Agno am Luganer See als Standorte an.

Wer eine **Ferienwohnung** oder ein Haus mieten möchte, der findet ein vielfältiges Angebot von der einfachen *casa rustica* bis zur luxuriösen Villa.

Die besonderen Hotels

- Seit mehr als 100 Jahren zählt das **Grand Hotel Villa Serbelloni** in Bellagio zu den renommiertesten Häusern der Welt › S.127.
- Ein Prachtbau der Belle Epoque: Das **Grand Hotel Des Isles Borromées** in Stresa weckt nostalgische Gefühle › S. 68.
- Sie wollen den Lago Maggiore mit Kindern erkunden? Dann sind die Appartements der **Hotel Residence La Luna Nel Porto** in Stresa genau das Richtige › S. 68.
- Märchenhaft wohnt man in der maurisch inspirierten **Villa Crespi** in Orta San Giulio › S. 72.
- Individuell gestaltete Zimmer nach literarischen Werken bietet in Orta San Giulio das Designerhotel **Aracoeli** › S. 72.
- Wer Wert auf Baubiologie legt, der wird in der **Albergo Sass da Grüm** bei Vira (s)einen Ort der Kraft finden › S. 81.

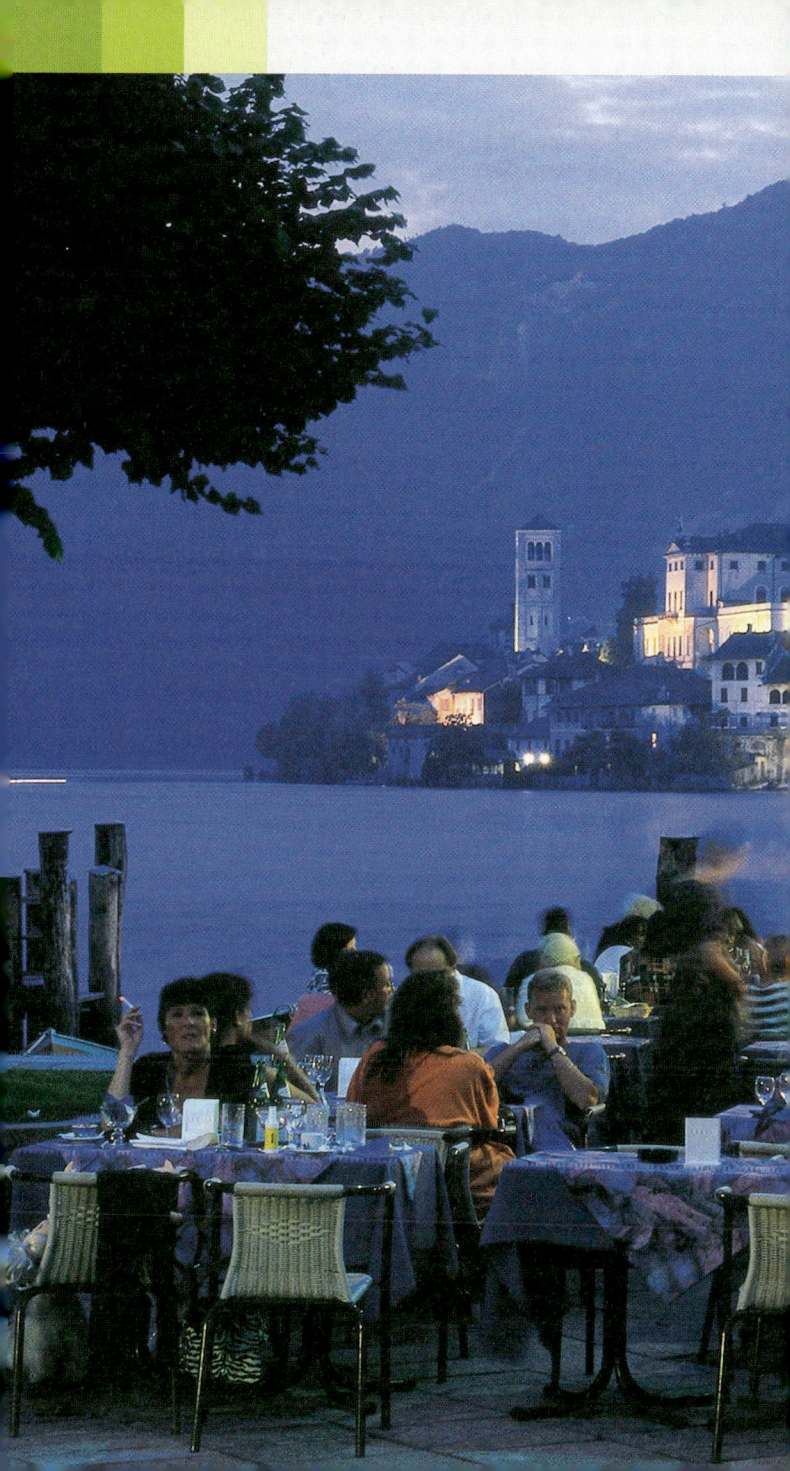

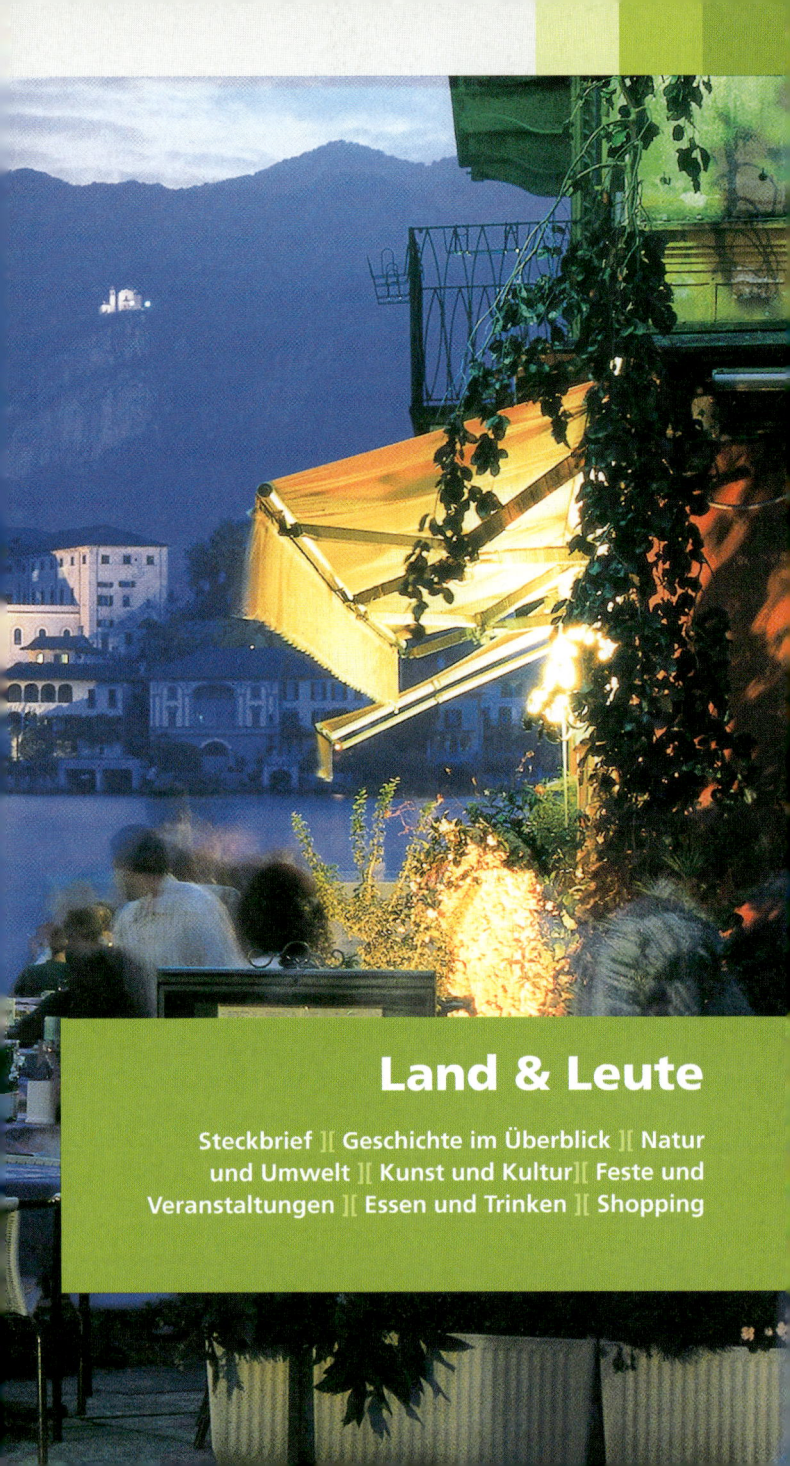

Land & Leute

Steckbrief][Geschichte im Überblick][Natur
und Umwelt][Kunst und Kultur][Feste und
Veranstaltungen][Essen und Trinken][Shopping

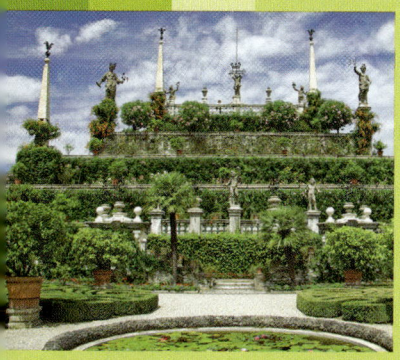

Steckbrief

Oberitalienische Seen

Fläche: 3500 km²
Seeflächen: Lago Maggiore
216 km², Comer See 146 km²,
Luganer See 49 km²
Tiefster See: Comer See 425 m
(tiefster Binnensee Europas)
Sauberster See: Lago di Mergozzo
(1,84 km²)
Die größten Städte: Varese (83 000
Einw.), Como (83 000 Einw.), Lugano
(53 000 Einw.), Lecco (47 000 Einw.),
Verbania (31 000 Einw.), Locarno
(17 000 Einw.)
Landesvorwahl: 00 39 (Italien),
00 41 (Schweiz)
Währung: Euro, Schweizer Franken
Zeitzone: MEZ

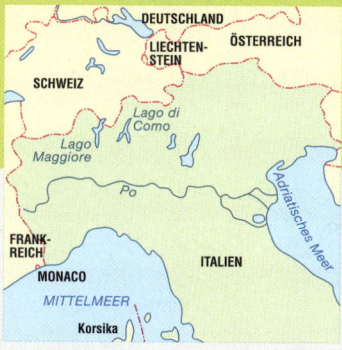

Lage

Die Grenzen der Seengruppe sind weder politisch noch geographisch, sondern kulturell zu verstehen. In der Kunst und Architektur, auch in der dialektalen Ausprägung und den Menschen findet das Gebiet um den Lago Maggiore, den Comer See und Luganer See sowie den Ortasee im Westen bis hin zu den Gipfeln über der Valsassina im Osten, von Locarno im Norden bis zum Varesotto und zur Brianza im Süden seine Gemeinsamkeit. Insgesamt umfasst das Gebiet etwa 3500 km². Rund vier Fünftel teilen sich die italienischen Provinzen Novara, Varese und Como, die zu den Regionen Lombardei und Piemont gehören. Der Rest ist Schweizer Territorium und gehört zum Kanton Tessin.

Politik und Verwaltung

Eine »Repubblica Padania« ist der Traum vieler Norditaliener, doch bisher gibt es sie nur als symbolische Gründung (mit einem eigenen »Parlament«, das offiziell nicht anerkannt wird) und als Verheißung auf Brücken, Ortsschildern, Plakaten und Mauern. Ersonnen hat diese wunderliche Republik die Lega Nord, eine separatistische Partei, die sich Ende

der 1980er Jahre um den charismatischen Führer Umberto Bossi gebildet hat, mit dem Ziel, sich vom subventionsbedürftigen Süden zu lösen und ein unabhängiges norditalienisches Padanien zu gründen. Zwischen 2001 und 2006 war die Lega Nord Koalitionspartner der zweiten Regierung Berlusconi. Nach der Niederlage bei den Parlamentswahlen 2006 und der Ablehnung eines Referendums zur politischen Stärkung der Regionen erteilte der Fraktionsvorsitzende Roberto Castelli dem Sezessionsgedanken offiziell eine Absage. Dennoch ist ein unabhängiger Staat Padanien nach wie vor eines der langfristigen Ziele der Lega Nord. Seit den Wahlen 2008, in denen sie ein wahlstrategisches Bündnis mit Berlusconis PdL (Popolo della Libertà, die als Wahlsieger hervorging) eingegangen war, kann die Partei nun als drittgrößte Parlamentsfraktion auf Regierungsebene wieder die Macht der einzelnen Regionen – und somit auch indirekt die Autonomie Padaniens – stärken.

Wirtschaft

Die Lombardei gilt zusammen mit dem Veneto als wirtschaftlicher Motor Italiens, und so verwundert es nicht, dass auch die Alpenrandregion mit ihren Städten (Varese, Como, Lecco) stark von Industrie und Gewerbe geprägt ist. Am deutlichsten zeigt sich das in der Brianza (Möbelindustrie) und um Como, das traditionell zwar als Seidenmetropole gilt, sich in den letzten drei Jahrzehnten aber wie Varese zur Industriestadt entwickelt hat. Die Seidenfabrikation hatte auch in Lecco und in anderen Orten am Comer See Tradition; heute bestimmt vor allem die Eisen verarbeitende Industrie das Bild dieser Gegend. Ein wichtiger Wirtschaftszweig ist der Tourismus, im Tessin auch das Bankwesen.

Eine gesunde Alpwirtschaft wird noch in der Valsassina betrieben. Im Tessin kommt dem Weinbau einige Bedeutung zu, obwohl die Konkurrenz für Absatzschwierigkeiten sorgt.

Die Menschen

An den oberitalienischen Seen leben Nord- und Süditaliener, italienisch sprechende Südschweizer, deutsch sprechende Nordschweizer und – in einigen Bergdörfern – eine lombardisch sprechende Minderheit. Ferner haben sich zahlreiche deutsche Klimaflüchtlinge angesiedelt. Die Mehrzahl von ihnen lebt im Tessin, wo sich eine Melange aus deutscher und italienischer Lebensart herausgebildet hat – das typische Bild von Italien, allerdings mit pünktlich fahrenden Bussen und Zügen.

Noch heute gibt es in den Grenzdörfern klare Trennungen zwischen Lombarden und Zuzüglern aus dem Mezzogiorno. Sie kamen in die Grenzregion der norditalienischen Seen, weil sie dort in Italien wohnen, aber harte Franken verdienen konnten. Heute leben sie oft als Fremde unter den eigenen Landsleuten.

Geschichte im Überblick

Seit der Frühgeschichte siedelten im fruchtbaren Land zwischen den Seen am südlichen Alpenrand Hirten und Bauern. Im 7. Jh. v.Chr. zogen die Kelten, die rege Handelskontakte mit den Etruskern pflegten, nach Süden. Die friedliche Koexistenz beider Völker beendete die römische Expansion, die von Süden her das Land aufrollte.

286 Reichsreform unter Kaiser Diokletian; Mailand wird Hauptstadt des Westreichs.

569 Machtübernahme durch die Langobarden, die der Region ihren Namen geben: Lombardei.

774 Der vom Papst zu Hilfe gerufene Frankenkönig Karl der Große zerstört das Langobardenreich und annektiert es.

881–961 Die so genannten Nationalkönige, die auch mit den Päpsten paktieren, reißen in Italien die Macht an sich.

961 Kaiser Otto der Große holt Italien ins Reich zurück.

1110–1126 Como, Cremona, Bergamo, Brescia und Mantua lösen sich aus der deutschen Vormundschaft und werden unabhängig.

1167 Konstitution der Lega Lombarda (Lombardische Liga). Die unabhängigen Städte verbünden sich gegen den deutschen Kaiser.

1176 Die Liga schlägt bei Legnano Kaiser Friedrich I. Barbarossa.

1450 Francesco Sforza übernimmt die Macht in Mailand; seine Familie herrscht bis 1535.

1496–1500 Das Tessin wird der Schweiz zugeschlagen.

1535 Das Herzogtum Mailand fällt an Spanien.

1706 Im Spanischen Erbfolgekrieg fällt das Herzogtum Mailand an Österreich.

1796 Napoleon schlägt die Österreicher und zieht in Mailand ein.

1801–1802 Konstitution der Repubblica Italiana mit dem Präsidenten Napoleon.

1814 Nach dem Sturz Napoleons spricht der Wiener Kongress die Lombardei und Venetien wieder Österreich zu.

1848–1866 Wien muss die Lombardei an das 1861 gegründete Königreich Italien abgeben.

1919 Benito Mussolini gründet in Mailand die faschistischen Verbände fasci di combattimento.

1922 Die Faschisten übernehmen die Macht.

1925 Locarno-Pakt zur europäischen Friedenssicherung.

1939–1945 Zweiter Weltkrieg. Mussolini wird am 28.4.1945 bei Tremezzo am Comer See erschossen.

2006 Aus den Parlamentswahlen geht das Wahlbündnis Unione als Sieger hervor. Neuer Ministerpräsident (nach Berlusconi) wird Romano Prodi.

2008 Berlusconi wird erneut, nunmehr zum dritten Mal, Ministerpräsident Italiens, zur Freude der Lega Nord und der Anhänger Padaniens ❭ S. 26.

Natur und Umwelt

Die großen Seen am Alpenrand sind die Hinterlassenschaft mächtiger Gletscherströme, die im Alpenvorland ausgedehnte Moränenlandschaften (Varesotto, Brianza) hinterlassen haben. Die beiden wichtigsten Flüsse der Regioin sind die Adda, die unweit des Stilfser Jochs an der Grenze zu Graubünden entspringt, und der Ticino (Tessin), dessen Quellgebiet sich am Nufenenpass befindet. Sie durchlaufen den Comer See bzw. den Lago Maggiore und münden bei Cremona bzw. Pavia in den größten italienischen Fluss, den Po. Bereits im Januar, wenn jenseits der Alpen der hohe Winter alles unter einer Schneedecke versteckt, blühen an den norditalienischen Seen die Christrosen, der Winterjasmin und der Lorbeerschneeball. Im Februar leuchten die Mimosen und Forsythien in goldgelber Pracht. Und im März folgen dann schon Kamelien, Magnolien, Oleander, Ginster und Pfirsichbäume, daneben Agaven, Zypressen und Palmen. Die subtropische Flora gedeiht in enger Nachbarschaft mit alpinen Pflanzen. Vor allem das Kalkmassiv der Grigne hat eine artenreiche Flora. In den dichten Laubwäldern findet man neben der Buche vor allem die Edelkastanie (Castanea sativa), die in dem feucht-warmen Klima besonders gut gedeiht. Vielfältig ist auch die Tierwelt. Heimisch sind hier zahlreiche Wasservögel, Reptilien und Eidechsen (Mauereidechsen und die farbenprächtigen Smaragdeidechsen) . Seltener und in kleinerer Zahl gibt es Schlangen, darunter verschiedene harmlose Natternarten (u.a. die Äskulapnatter), aber auch zwei giftige Spezies, die Kreuzotter und die Aspisviper.

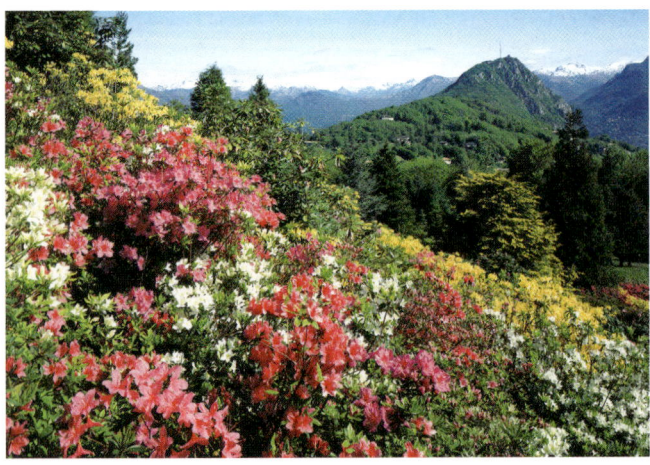

Kunst und Kultur

Architektur

Die oberitalienischen Baumeister, Bildhauer und Steinmetze erlangten in dem Material, mit dem die Menschen in ihrer Bergheimat von früh an vertraut waren, auch ihre größte Meisterschaft: dem Stein. Handwerk und Formempfinden wurden von Generation zu Generation in der Familie weitergegeben. Ein Beleg für die jahrhundertelange tiefe Verwurzelung dieser einzigartig begabten Bauleute am Alpensüdrand ist das Baptisterium aus dem 5. Jh. in **Riva San Vitale** ❭ S. 105, der älteste Sakralbau der Schweiz. Die Taufkirche, die an der Schwelle der Spätantike zum Frühmittelalter entstand, weist sowohl byzantinische als auch provenzalische Stilmerkmale auf.

Es waren lombardische Baumeister, die *Maestri Comacini*, die dann im 12. und 13. Jh. Spuren ihrer einzigartigen Kunst in ganz Europa hinterlassen haben ❭ S. 31.

In langobardischer bzw. präromanischer Zeit entstanden das **Oratorio San Benedetto,** die Kirche **San Pietro al Monte** von Civate ❭ S. 136 und **Santa Maria foris portas** bei Castelseprio ❭ S. 88. Die Datierungen dieser Gebäude schwanken zwischen dem 7. Jh. und dem frühen 11. Jh. Die Langobarden waren Meister des Ornaments, vor allem des Flechtbands, das in dynamischer Rhythmik ihre Bauten verzierte.

Der **romanische Kunststil** (11./12. Jh), verbunden mit den Hauptwerken der *Maestri Comacini*, erlebte eine erste Blütezeit am Flusslauf des Tessin und an den insubrischen Seen. Die weit verbreiteten romanischen *Campanili*, Kirchtürme, setzen mit ihrer schlanken Gestalt, dem charakteristischen Rundbogenfries und den Pyramidendächern im Stadt- und Landschaftsbild architektonische Akzente.

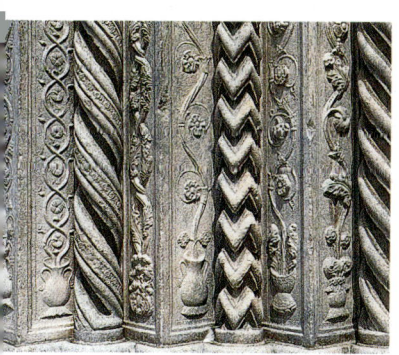

Säulen am Dom von Como

Weniger bedeutsam als die Romanik war die **Gotik** (13./14. Jh.) für das Gebiet der oberitalienischen Seen, sieht man von vereinzelten Fresken in Como (Sant'Abbondio) ❭ S. 114 und Varese (Baptisterium neben San Vittore) ❭ S. 83 ab. Im Allgemeinen fehlte am Alpenrand jedoch das höfisch-ritterliche Element, von dem die Gotik ihren Ausgang nahm. Für das Tessin wurde zu dieser Zeit vor allem die italienische Trecento-Malerei bedeut-

sam, die in ihrem Wesen weniger gotische als protorenaissancehafte Züge aufweist. Die Kirche **Santa Maria Assunta** in Brione im Val Verzasca ❭ S. 54 ist mit besonders schönen Fresken der Giotto-Schule ausgeschmückt.

Die **Renaissance** (15./16. Jh.), deren Kunstideal sich im 16. Jh. ausgehend von der Toskana in Mailand durchsetzte, erfasste auch die oberitalienische Seenlandschaft. Leonardo da Vinci und Bramante waren die beiden großen Künstler, die der Renaissance in der Lombardei zur Blüte verhalfen, ihre Schüler führten den Geist der Hochrenaissance in zahlreichen Kunst- und Bauwerken weiter. Bedeutende Beispiele der Renaissancearchitektur sind Fassade und Dreikonchenchor des Comer Doms ❭ S. 114, der Palazzo del Comune in Orta San Giulio ❭ S. 71 sowie das Stadtbild von Castiglione Olona ❭ S. 89, das der kunstsinnige Kardinal Branda Castiglione (1350–1442) in der ersten Hälfte des 15. Jhs. nach Florentiner Vorbild umgestalten ließ. Auch romanische

Meister des Steins: die Maestri Comacini

Die Spuren der durch Jahrhunderte berühmten *Maestri Comacini* – Steinmetze, Baumeister und Bildhauer aus der Lombardei – lassen sich während der romanischen Epoche durch ganz Italien, im 12. und 13. Jh. dann durch ganz Europa, ja sogar bis nach Russland verfolgen. In Frankreich hat sich sogar das Wort für Steinmetz, *maçon*, von ihrem Namen abgeleitet. In einem Edikt des Langobardenkönigs Rotharis werden die Bauhandwerker im Jahre 643 als *Magistri Cummacini* erwähnt. Man hat in ihnen Meister aus der Diözese Como sehen wollen, doch ihr Name leitet sich aller Wahrscheinlichkeit nach von dem lateinischen »Magistri cum machinis« ab. Mitunter bezeichnet man die Steinmetze aber auch als *Comasken* – Reverenz an die Stadt, aus der sie stammten. Die Maestri arbeiteten schulbildend in Oberitalien – eines ihrer schönsten Werke ist der Dom von Como. Auch beim Dom zu Speyer lässt sich beispielsweise ihre Handschrift erkennen. Und beim ältesten noch erhaltenen profanen Steinbau in Deutschland, der Königshalle in Lorsch aus der Zeit um 772, hat man als Maßeinheit den langobardischen Fuß *(piede liprando, 43 cm)* festgestellt, der in Oberitalien noch bis Anfang des 19. Jhs. in Gebrauch war. Ein frühes Zentrum der langobardischen Steinmetze war die Insel San Giulio im Ortasee. In der dort errichteten Basilika, deren Bausubstanz aus romanischer Zeit aufgrund vieler Umbauten kaum noch zu erkennen ist, hält die alles dominierende Kanzel aus schwarzem Marmor in eindrucksvoller Weise die Handschrift der *Maestri Comacini* fest. Die Spuren ihrer Schule setzen sich auch noch in Renaissance und Barock fort: So stammen etwa die im päpstlichen Rom tätigen Architekten Domenico Fontana (1543–1607), Francesco Borromini (1599–1667) und Carlo Maderno (1556–1629) aus Comasker bzw. Tessiner Steinmetzfamilien.

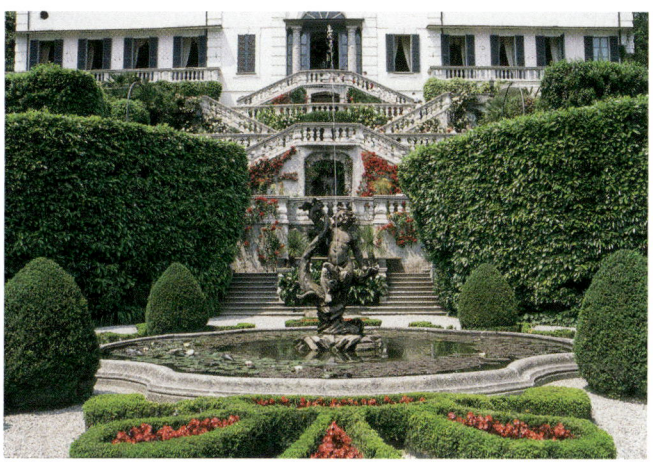

Villa Carlotta in Tremezzo

und gotische Landkirchen und Rathäuser gestaltete man in der Renaissance und im Barock um. Bedeutendstes Beispiel ist die kulissenhafte Renaissancefassade der romanisch-gotischen Kathedrale San Lorenzo in **Lugano** ❯ S. 94. Selbst die **Villenkultur** ist ein Phänomen der Renaissance, in der man die Natur wieder entdeckte und dem Ideal von Naturnähe gepaart mit Komfort nachhing.

In **Barock** und **Rokoko** (17./18. Jh.) begaben sich Stuckateure aus dem Intelvi-Tal über die Landesgrenzen hinaus auf Wanderschaft und setzten die Tradition der *Maestri Comacini* ❯ S. 30 fort. Die bekanntesten Familien sind die Barberini und Carlone. Bis zum Ende des 19. Jhs. waren sie als Maler, Bildhauer und Baumeister in ganz Europa tätig. Der Barock ist in Varese mit dem **Palazzo Estense** ❯ S. 83 vertreten. Ein Gesamtkunstwerk dieser Epoche ist die **Isola Bella** mit Palast und terrassenförmig angelegtem Park ❯ S. 70.

Die schönsten Gärten und Parks

■ Auf den **Isole di Brissago** befindet sich der botanische Garten des Kanton Tessin ❯ S. 57.

■ Die **Gärten der Villa Taranto** zählen mit tausenden von Pflanzenarten zu den wichtigsten botanischen Gärten der Welt ❯ S. 66.

■ Der terrassenförmig angelegte Park auf der **Isola Bella** bei Stresa ist ein Wunder barocker Gestaltungsfreude ❯ S. 70.

■ Skulpturen, Tempel und Grotte spiegeln im **Park der Villa Melzi** in Bellagio den Zeitgeist der Romantik wider ❯ S. 126.

■ Exotik bietet der **Parco Scherrer:** mit indischem Palast und ägyptischem Tempel ❯ S. 101.

In **klassizistischem Stil** wurden die **Villa dell'Olmo** › S. 118 und der **Palazzo Olginati** › S. 115 in Como errichtet. Im 19. Jh. wird Mailands Führungsrolle immer ausgeprägter. Für das Hinterland fällt im *Risorgimento*, der nationalen Einigungsbewegung, wenig ab. Im Königreich (ab 1861) erhielt Varese immerhin das **Grand Hotel Tre Croci** (1908–12) des Architekten Guiseppe Sommaruga, ein schönes Jugendstilhotel auf dem Campo dei Fiori.

Im **20. Jh.** breitete sich in der Mussolini-Zeit (ab 1922) neben dem pompösen Stil des Faschismus auch eine moderne Sachlichkeit aus, der **Como** › S. 114 das Novocomum, den Palazzo Terragni (ehemals Casa del Fascio) und den Kindergarten Sant'Elia verdankt. Das Zentrum von Lecco wurde 1937 von Mario Cereghini dementsprechend umgestaltet.

Im Tessin findet man **zeitgenössische Architektur**, die den landesüblichen Bruchstein, den Gneis und Granit, neu zur Geltung bringt. Revolutionär ist der Schweizer Architekt Mario Botta (*1943), so z.B. bei seiner – auf 1567 m Höhe über dem Luganer See errichteten – **Cappella Santa Maria degli Angeli** › S. 81. Bottas Wohnhäuser lassen sich mit Höhlenbauten vergleichen. Er selbst nennt sie *caverne magiche*. Sie basieren auf einer strengen Symmetrie und geometrischen Grundformen. Diese Gestaltungselemente sind auch bei den Stationen der neuen Seilbahn zur Cardada (Locarno) zu sehen. Eher umstritten ist das neue Casino in Campione d`Italia, dessen Monumentalität den Rahmen des Ortes sprengt.

Malerei und Plastik

Im Gebiet der oberitalienischen Seen haben auch berühmte Maler ihre Spuren hinterlassen. Zu ihnen gehörte Giotto (1266–1337), der als Begründer der italienischen Malerei gilt, vor allem der toskanischen Freskomalerei, und durch die Einführung der Perspektive besonders natürlich wirkende Figuren schuf. Bernardino

Die interessantesten Villen

■ Die kostbar ausgestatteten Räume der **Villa Carlotta** in Tremezzo fügen sich mit den umgebenden Terrassengärten zu einem Gesamtkunstwerk › S. 124.

■ Die **Villa Panza** in Varese beeindruckt heute durch die Installationen moderner Künstler › S. 86.

■ Beim Rundgang durch die **Villa della Porta Bozzolo** im Val Cúvia hat man den Eindruck, die Bewohner hätten das historische Anwesen gerade erst verlassen › S. 88.

■ In der historischen **Villa Cipressi** lässt es sich zu einem annehmbaren Preis stilvoll übernachten › S. 132.

■ Vom letzten Bewohner, dem Abenteurer Guido Monzino, stammt die Einrichtung der **Villa del Balbianello** in Lenno – inklusive exotischer Artefakte von dessen Expeditionen › S. 123.

■ Ursprünglich geht die **Villa Monastero** auf ein Zisterzienserkloster aus dem 13. Jh. zurück › S. 131.

Luini (um1480–1532) wurde in der Nähe des Lago Maggiore geboren und arbeitete als (Fresken-)Maler in der Lombardei. Sein Werk ist geprägt von Raffael und Leonardo da Vinci und zeigt häufig liebliche Madonnen. Nahezu zeitgleich lebte und wirkte Bartolomeo Suardi (um 1470–1536) als Architekt und Maler. Aus seiner Zeit als Assistent Donato Bramantes, dem Begründer der Architektur der italienischen Hochrenaissance und Baumeister in Mailand, stammt sein Beiname Bramantino (kleiner Bramante). Als Maler stand Bramantino dagegen unter dem Einfluss von Leonardo da Vinci. In späterer Zeit wirkten Marianne von Werefkin (1860–1938) als Vertreterin der expressionistischen und Antonio Calderara (1903–1978) als Vertreter der modernen italienischen Malerei an den Seen.

In der Region lebten und arbeiteten auch zwei namhafte Bildhauer: Vincenzo Vela (1820–1891), einer der bedeutendsten Meister seines

Vegetarier und Nudisten auf dem Monte Verità

»Wir essen Salat, ja wir essen Salat und essen Gemüse von früh bis spät. Auch Früchte gehören zu unserer Diät. Was sonst noch wächst, wird alles verschmäht. Wir essen Salat, ja wir essen Salat …«, bedichtete Erich Mühsam in einem Lied nicht ganz ohne bissige Ironie die Bewohner des Monte Verità. Auf dem »Berg der Wahrheit« bei Ascona hatte sich um 1900 eine seltsame Kommune eingefunden, die dem Antwerpener Industriellensohn Henri Oedenkoven und seiner Freundin Ida Hoffmann gefolgt war. Oedenkoven kam 1899 nach Ascona auf der Suche nach einem naturverbundenen Leben. Der Berg am Westrande des kleinen Fischerortes schien ihm dafür geradezu ideal. Er benannte ihn nach der Wahrheit, denn die Natur bedeutete ihm dasselbe. Auf dem Monte Verità warb Oedenkoven fortan für eine neue alternative Lebensform, die des »Vegetabilismus«. Anhänger, getrieben von der klassischen Sehnsucht nach dem Süden und nach der Natur, ließen nicht lange auf sich warten und kamen aus ganz Nordeuropa. Schnell entwickelte sich der Monte Verità zu einer »ethisch-sozial-vegetarisch-kommunistischen Siedlung« (Erich Mühsam), in der man hart arbeiten musste. Dem Berg schrieb man indes magnetische Kräfte zu, wobei Wissenschaftler nach dem Zweiten Weltkrieg tatsächlich eine magnetische Anomalie feststellten, die sich aus einer Serie von Gesteinszonen ergibt. Seine magnetischen Kräfte wirkten jedenfalls auf ganz Europa, und schließlich kamen so viele, dass man Eintrittsgelder erhob. Unter ihnen waren zahlreiche Neugierige, zu denen es sich herumgesprochen hatte, dass Frauen und Männer im Evas- oder Adamskostüm auf dem Monte Verità arbeiteten und es auch sonst mit der Moral nicht so genau nahmen. Flüsterpropaganda solcher Art machte Ascona schließlich weltberühmt, die Lebensgemeinschaft am Monte Verità aber zerbrach 1909, als das große Geschäft begann.

Fachs im 19. Jh., und der in Verbania geborene und international tätige Paul Troubetzkoy (1866–1938), dessen wichtigstes Werk die Reiterstatue von Zar Alexander III. in Sankt Petersburg darstellt. Vela ist ein Museum gewidmet. Das Museo Vela (www.museo-vela.ch) befindet sich im Dorf Ligornetto im südlichsten Zipfel des Tessins.

Dichter, Denker und Künstler im Tessin

Die berühmte *Via delle genti*, die Straße der Völker über den St.-Gotthard-Pass, führt ins Tessin. Heute bringt sie das ganze Jahr über Millionen von Touristen auf den »Sonnenbalkon der Schweiz«. Doch die Menschen kamen nicht immer als Sonnenhungrige hierher, sondern auch als Verbannte, Dissidenten und Verfolgte. Als im 19. Jh. in ganz Europa die Reaktion mit Schlagstock und Zellenschlüssel jeden kritischen Geist zum Verstummen brachte, entwickelte sich das Tessin mit seiner freiheitlichen und republikanischen Gesinnung zu einer Insel der Kultur und des Fortschritts in Europa. Politisch Verfolgte aus allen Teilen des Kontinents fanden hier Asyl – von Giuseppe Mazzini, dem radikalen italienischen Kämpfer für die Einheit Italiens und Gegner Cavours, bis Carlo Cattaneo, dem italienischen Publizisten und Antimonarchisten. Ihnen folgten im Laufe des 20. Jhs. der Schriftsteller Hermann Hesse, der sein Refugium in Montagnola fand, der Schauspieler Stefan George, der eine alte Mühle in Minusio bezog, und der Maler Paul Klee, der in Muralto lebte. Bereits 1904 hatte sich der Anarchist und Schriftsteller Erich Mühsam vor der preußischen Polizei nach Ascona gerettet – einige Jahre später folgte ihm sein russischer Geistesverwandter Fürst Pjotr Kropotkin. Die Malerin Marianne von Werefkin, die mit Alexej Jawlensky gekommen war, ist zu dieser Zeit längst als *nonna di Ascona*, Großmutter von Ascona, bekannt gewesen.

Ungewöhnliche Sehenswürdigkeiten

■ Ein System von Leitern führt in der 35 m hohen **Kolossalstatue** bis in San Carlones Kopf, in dem bis zu sechs Personen Platz finden 〉 S. 75.

■ Im Palazzo Biumi-Innocenti von Verbania-Intra sind 5000 Votivbilder ausgestellt. Dies ist einzigartig in Europa 〉 S. 64.

■ Eine kunterbunte Sammlung unterschiedlichster Verkehrsmittel zeigt das **Museo dei Transporti** auf kuriose Weise 〉 S. 77.

■ Neben Friedenspfeifen und Pfeifen für Motorradfahrer zeigt das **Museo della Pipa** noch andere Besonderheiten für Raucher 〉 S. 77.

■ Wer glaubt, Regenschirme seien langweilig, der wird im **Museo dell'Ombrello e del Parasole** (Schirmmuseum) eines Besseren belehrt 〉 S. 69.

■ Können Sie sich vorstellen, was alles geschmuggelt wird? Das **Museo Doganale** (Zollmuseum) wird Sie überraschen 〉 S. 99!

Feste und Veranstaltungen

Februar/März Carnevale feiert man in Lugano und Ascona mit Risottoessen, viel Musik und Tanz.

April Blumenschau: Ein Meer von Blumen verwandelt Orta San Giulio in einen Garten Eden.

Gründonnerstag, Karfreitag Passions-Prozessionen: An den beiden Tagen vor Ostern ziehen die Gläubigen in prachtvollen Prozessionen durch Mendrisio.

Ende Mai Palio di Mendrisio: Eselrennen und andere Wettkämpfe erheitern die Zuschauer.

Juni Festival Cusiano di Musica Antica: Musik vom Mittelalter bis zum Barock ist in der Casa Tallone auf der Insel San Giulio (Lago d'Orta) zu hören.

Ende Juni Sagra di San Giovanni: Großes Fest mit Tanz und Feuerwerk auf der Isola Comacina.

Ende Juni/Anfang Juli Festival Jazz: Die Größen des Jazz treffen sich auf der Piazza della Riforma in Lugano zu Konzerten. Freier Eintritt.

Ende Juni/Anfang Juli Jazz Ascona: Traditioneller und klassischer Jazz an der Seepromenade von Ascona.

August und September Sinfo Lario: An verschiedenen Orten um den Comer See finden Open-Air-Konzerte mit klassischer Musik statt.

1. August: Schweizer Nationalfeiertag Feuerwerk.

August Internationales Filmfestival: Auf der Piazza Grande in Locarno werden die wichtigsten Filme junger Filmemacher gezeigt. Der beste Streifen wird mit dem Goldenen Leoparden ausgezeichnet.

August/September Settimane Musicali Stresa e del Lago Maggiore: Bei den musikalischen Wochen spielen Konzertensembles und Orchester aus aller Welt rund um den südlichen Lago Maggiore auf, in Como findet der **Autunno Musicale** statt.

Corso Fiorito: Blumenkorso, in Pallanza veranstalten die Einwohner einen Umzug mit blumengeschmückten Wagen; siehe auch Verbania.

Herbst Feste della Vendemmia: Feuchtfröhliche Winzerfeste.

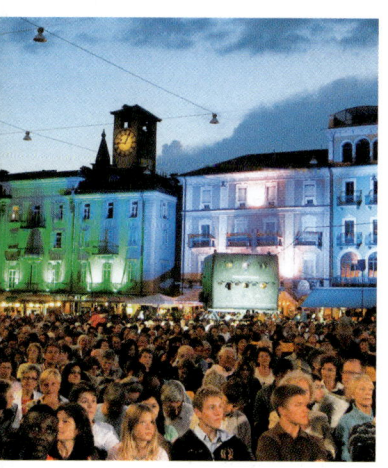
Filmfestival in Locarno

Essen und Trinken

Regionale Spezialitäten

Die Westseite des Lago Maggiore gehört bereits zum Piemont. Und wer denkt da nicht an Trüffel und Barolo? Natürlich gibt es auch regionale Spezialitäten. Am Ortasee ist der *tapulon* heimisch, gehacktes Eselfleisch, das mit Wirsing in Rotwein gedünstet wird. Ebenso herzhaft wie raffiniert schmeckt die *trotella alla Savoia*, geschmorte Forelle auf Champignons.

Im Schweizer Tessin sind die kulturellen Bindungen zur lombardischen Nachbarschaft ebenso alt wie selbstverständlich. Und weil sich Kultur auch in der Kochkunst zeigt, ist die Tessiner Küche vor allem lombardisch beeinflusst. Man lernt sie jedoch am wenigsten in gehobenen Hotels kennen, wo man sich oft um Internationalität bemüht.

Zu weltweiten Gaumenehren hat es der *ossobuco*, eine in Weißwein und Brühe geschmorte Scheibe aus der Kalbshaxe, gebracht, ebenso der *risotto alla milanese*, speziell zubereiteter Reis der Sorte Arborio, der durch seine hellgelbe (Safran-) Farbe unverkennbar ist. Und die *costoletta alla milanese*, in einer Mailänder Speisekarte von 1134 als *lombolos cum panitio* erwähnt, wurde im 19. Jh. vom österreichischen Feldmarschall Radetzky hier entdeckt und anschließend in der Hauptstadt der k. u. k. Monarchie als Wiener Schnitzel eingeführt.

Im Varesotto bereitet man die *faraona alla Valcuvia* zu, Perlhuhn nach Art der Valcuvia, das früher in einer Hülle aus weichem Ton gebacken wurde. Wem es nach typisch lombardischer Hausmannskost verlangt, dem sei die deftige *cazzoeula* empfohlen, ein Eintopf aus Schweinefleisch und Wirsing.

Fisch spielt in der Küche der oberitalienischen Seenregion mit ihren zahlreichen Flüssen natürlich eine große Rolle. *Anguilla del*

Echt gut!

Die besten Gourmet-Restaurants

- Die **Locanda Barbarossa** in Ascona ist ein Feinschmeckerrestaurant mit schönem Innenhof ❯ S. 60.
- Im Restaurant **Ecco** in Ascona kredenzt der innovative Küchenchef moderne Gerichte der Molekulargastronomie ❯ S. 60.
- Das **Santabbondio** in Lugano ist das höchstdekorierte Restaurant der Tessiner Gastronomie ❯ S. 97.
- Das Restaurant der **Villa Crespi** in Orta S. Giulio serviert delikate Meeresfrüchte in einem Ambiente aus Tausendundeiner Nacht ❯ S. 72.
- Authentische Tessiner Küche, aber dennoch raffiniert komponiert, genießt der Gast im **Al Portone** in Lugano ❯ S. 97.
- Wissenschaft und höchste Kochkunst vereinen sich in Bellagio im **Ristorante Mistral** ❯ S. 127.

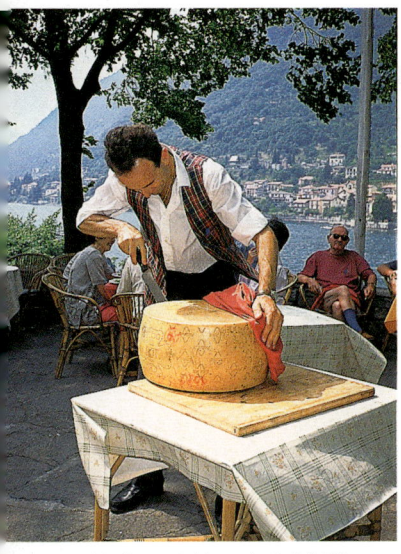
Und zum Schluss ein Stück Käse

pescatore (Aal nach Fischerart), *lavarelli al vino bianco* (Felchen in Weißwein), *pesce in gelatina* (Fisch in Aspik) und *zuppa di pesce alla tremezzina* (Fischsuppe) sind nur einige der Spezialitäten. Ein Gericht vom Comer See ist die *curadura*, gesalzene, getrocknete und im Holzfass gepresste Alsen samt Innereien.

Süßer lombardischer Ausklang eines Mahles ist der Mailänder *panettone*, ein luftiger Napfkuchen aus Hefeteig. Aus der Provinz Varese kommen die *giromette*, das sind Gebäckstücke in Form von Tiergestalten.

Kleine Käsekunde

Ein Stück *gorgonzola* oder *bel paese* darf nach keinem Mahl fehlen. Zu den beliebtesten lombardischen Sorten zählen neben den beiden erwähnten *parmigiano* und *grana* (Parmesan), der *stracchino* und der Frischkäse *mascarpone*, wichtige Zutat der Süßspeise *tiramisù*. Eine Spezialität ist der Tessiner *formaggino*, aus Schaf- oder Ziegenmilch hergestellter Frischkäse, der mit Öl und scharfem Paprika gegessen wird. Aus Ziegenmilch bereiten auch die lombardischen Dorfbewohner einen köstlichen Frischkäse, der gut mit Honig schmeckt. Aus der Valsassina stammt der Frischkäse *robiola*; die weichen *gaprini* kommen aus der Brianza.

Rote Weine

Die Lombardei gehört zu den besten Weinanbaugebieten Italiens und liefert vor allem erstklassige Rotweine. Im Veltlin keltern die Bauern die klassischen Weine *Grumello* und *Inferno*. Spitzenweine kommen aus dem Piemont: Aus der Nebbiolo-Traube wird der schwere *Barolo* gewonnen, weit verbreitet ist auch der *Barbera* aus der gleichnamigen Traube. Im Tessin gilt der rubinrote *Merlot* als Klassiker. Zum Essen kann man auch einen *vino della casa*, einen Hauswein, bestellen, einen trockenen, leichten und »ehrlichen« Landwein. Im Tessin heißt der Hauswein *Nostrano*. Wer einen Blick in die Weinkeller der Lombardei werfen möchte, der wende sich an das **Movimento Turismo del Vino** (Via Mario Angeloni 16, Torgiano, Tel. 07 59 88 95 29, www.movimentoturismovino.it).

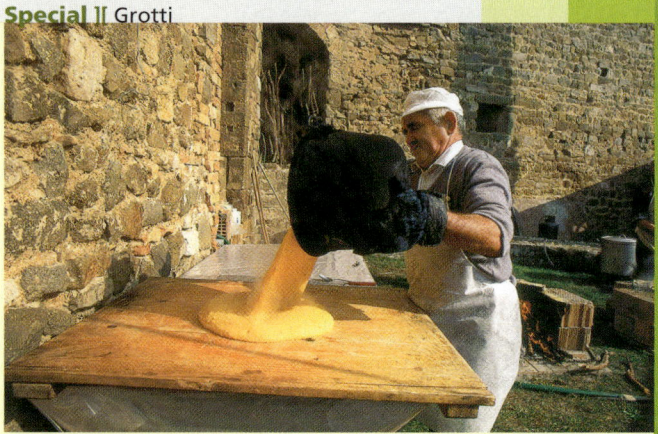

Special

Grotti: Polenta und Käse im Felsenkeller

Welt aus Stein und Gneis

Hinter den lieblichen Seeufern liegt im Norden der oberitalienischen Laghi eine alpin-rustikale Gegend, in der sich die Häuser aus Gneis eng aneinander schmiegen. Die Dörfer hängen gleich Schwalbennestern auf Sonnenterrassen über den Seen wie perfekte Inszenierungen ländlicher Idylle. Vor allem das Tessin ist reich an ursprünglichen Dorfgemeinschaften, deren gesellschaftlichen Mittelpunkt der Grotto bildet.

Der Grotto – von der Lagerstätte zum Gastrotreff

Ursprünglich diente der im ganzen Tessin sowie in der nördlichen Lombardei verbreitete Grotto als einfacher Lagerraum für Wein, Milchprodukte, Fleisch und Salami. Dafür boten sich natürliche, dunkle Felsenhöhlen in schattiger Lage an. Waren sie groß genug, wurden sie vorn zugemauert und mit Fenster und Tür versehen. Im Laufe der Zeit entwickelten sich die Grotti indes immer mehr zu Orten der Geselligkeit, in denen man direkt an der Quelle rustikaler Köstlichkeiten saß – und das vor allem in heißen Sommermonaten in angenehmer Kühle.

Kommentierte Adressen von Grotti und Restaurants im Tessin finden Sie unter www.ticino-gastronomico.ch, www.tessin.ch sowie www.mendrisiotourism.ch. Weiterhin empfiehlt sich das Buch Ticino con Passione (deutsch/engl.) von Marion Michels und Dave Brüllmann (La Tavola, 2001, aktuell nur antiquarisch erhältlich) mit Beschreibungen der

schönsten Grotti und typischen Rezepten. Bei den Tessiner Tourismusbüros bekommt man gratis den Grotto-Führer »Ristoranti – Grotti – Bar – Night Club« für den Lago Maggiore und die Täler des Hinterlandes.

Deftiges im Felsenkeller

Was die Grotti so attraktiv macht, ist nicht zuletzt auch das Ambiente vor den Höhlen. Man sitzt unter den weit ausladenden Blätterdächern von Kastanien, Platanen und Akazien an langen Steinbänken beim Abendbrot und genießt das, was auch bei den Bergbauern in den umliegenden Häusern auf den Tisch kommt: Salami, Käse, Brot, Polenta und je nach Jahreszeit Fleisch, Pilze und Minestrone. Dazu trinkt man einen kräftigen Merlot. An heißen Sommertagen mischen die Einheimischen den Wein mit einem Schuss Zitronenlimonade in eine *Ciciarada*, die nicht so schnell zu Kopf steigt.

Jet-Set-Grotto

In Asconas Vorort Losone treffen sich internationale Stars, lokale Politgrößen und die Einwohner des kleinen Ortes auf ein Gläschen Merlot allabendlich bei Raffael, einem der beliebtesten Grotti in der Gegend. Die Stimmung in dem Gartenlokal ist ausgelassen, und an lauen Sommerabenden lässt sich schon mal ein Tessiner zu einem Liedchen hinreißen – und garniert die Tafelfreuden mit fröhlichem Gesang.

Grotto Raffael
Vicolo Canaa 21][**6616 Losone**
Tel. 0 91-7 91 15 29

Grotti am Lago di Lugano

Am Nordostarm des Lago di Lugano liegen gegenüber dem malerischen Ort Gandria mehrere Felsenkeller am Fuß des waldigen Monte Caprina, die man nur per Schiff von Gandria aus erreicht. Bis heute wird hier Wein gelagert Empfehlung: die **Grotto Teresa**.

Im Valle Verzasca haben viele Grotti den Modernisierungswahn überlebt. Einer der schönsten unter den urigen Grotti ist der stimmungsvolle **Grotto Redorta**, in dem es Köstlichkeiten wie Kastanien und frischen Kräuterkäse gibt. Im wildromantischen Valle di Muggio bei Mendrisio findet man in dem kleinen Ort Caneggio den **Grotto Vanini**. In dem besonders urigen Lokal sollte man unbedingt *formaggino* kosten. Das ist ein kleiner, einfacher Ziegenfrischkäse, den die Bauern des Tals seit Jahrhunderten in unveränderter Weise herstellen – eine wahre Köstlichkeit!

■ **Grotto Teresa**
Cantine di Gandria
6978 Gandria
Tel. 0 91-9 23 58 95
■ **Grotto Redorta**
6637 Sonogno
Tel. 091-7 46 13 34
www.grottoredorta.ch
■ **Grotto Vanini**
6837 Caneggio
Tel. 0 91-6 84 18 30
Di geschl., Okt–Mai auch Mo

Shopping

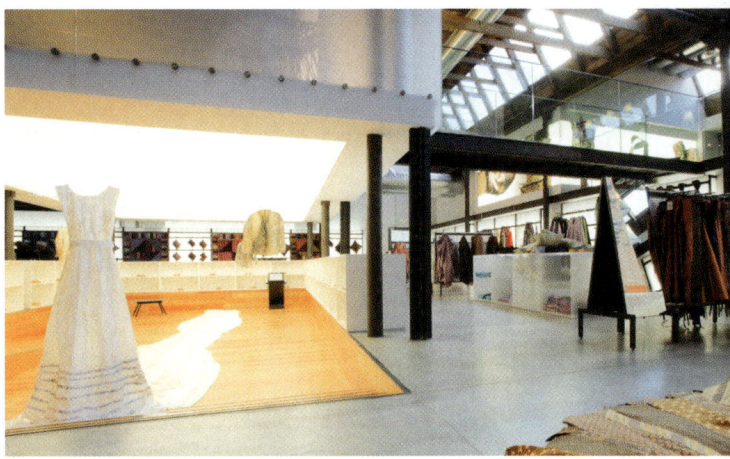

La Tessitura in Como ist eine feine Einkaufsadresse

Mitbringsel aus der Region sind natürlich Pasta, Käse, Wurst und Wein. Letzteren können Sie aus *Boccalini,* kleinen Krügen, auf Tessiner Art genießen. Strickwaren aus naturgefärbter Wolle aus dem Valle Verzasca findet man auf dem Markt in Locarno. Reduzierte Küchengeräte und Markenkleidung kauft man in den Factory Outlets von Omegna und Mendrisio. Como, ein Zentrum der Seidenverarbeitung, bietet entsprechende Stoffe und Accessoires. Die Brianza ist bekannt für ihre Möbelindustrie. Ausgefallene Stücke finden Sie z.B. in den Läden von Cantù (südl. Como).

⚠️ Der Kauf von gefälschten Markenartikeln wird empfindlich bestraft. Es finden häufig Kontrollen statt!

Die besten Shopping-Adressen

- ■ Regionale Delikatessen hat **La Casera di Eros Buratti** in Verbania im Angebot > S. 65.
- ■ Schnäppchen für die Küche findet man bei **Alessi** in Omegna > S. 74.
- ■ Reduzierte Mode von Adidas bis Yves Saint Laurant füllt die Regale im stilvollen Factory Outlet **Foxtown** bei Mendrisio > S. 108.
- ■ In Como, Zentrum der Seidenindustrie, kauft man Accessoires bei **La Tessitura** > S. 116.
- ■ Beste Tessiner Weine findet man in Ascona in der **Cantina dell'Orso** > S. 60.
- ■ Lokales Kunsthandwerk findet man donnerstags auf dem **Markt von Locarno** > S. 52.

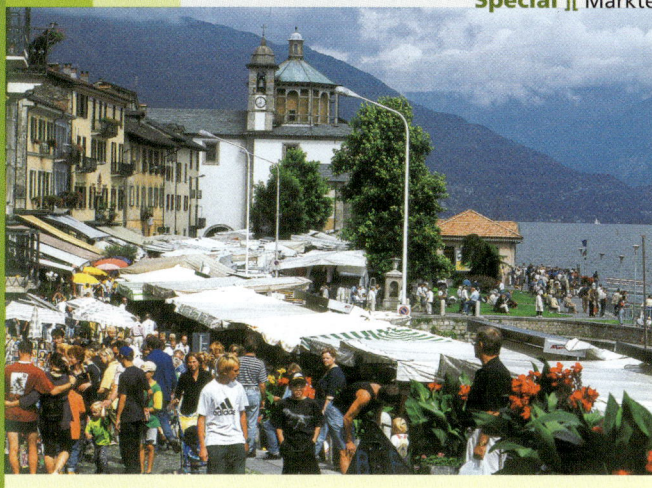

Schnäppchen auf dem Markt

Marktgeschehen

Artischocken türmen sich neben ordentlich gestapelten Auberginen; Parmaschinken und Kräuter verbreiten ihren appetitanregenden Duft, und hat man sich erst einmal an all den kulinarischen Verführungen satt gesehen, wandelt man durch ein Spalier von Kartons, auf denen Schuhe kunstvoll drapiert sind. Dazwischen singen Kanarienvögel, hier stapelt sich bunte Keramik, dort baumeln BHs auf Plastikbügeln, und am Kassettenstand raunt Paolo Conte etwas von Zitroneneis. Es ist das geballte Durcheinander an Sinneseindrücken, das italienische Märkte so reizvoll macht.

Die italienischen Märkte sind für den lustvollen Einkauf gedacht. Man zieht gemütlich mit Kind und Kegel von Stand zu Stand und schaut, was es so gibt. Märkte sind am Lago Maggiore jedoch nicht nur ein pittoreskes Vergnügen, sie erfüllen auch ganz

Einkauf unter freiem Himmel

Italiener schätzen die Unmittelbarkeit des Einkaufs auf dem Markt. Denn weit über die Besorgung des Lebensnotwendigen hinaus ist der Einkauf auf dem Markt ein gesellschaftliches Ereignis. Dazu gehört auch das Feilschen, bei dem sich Käufer und Verkäufer mit Anpreisungen und Einwänden messen und sich in langatmige Preisverhandlungen vertiefen können.

praktische Funktionen in einer Gegend, in der Einkaufsmöglichkeiten begrenzt sind. Während der Hochsaison zu Ostern und Pfingsten sowie im August kann der Marktbesuch ein eher anstrengendes Unternehmen sein, wenn es vor lauter Kauflustigen kein Durchkommen mehr gibt.

Floh- und Antiquitätenmärkte

Jeden dritten Samstag im Monat findet an der Uferpromenade von **Sesto Calende** ein bunter Floh- und Antiquitätenmarkt statt, der – kommt man schon früh am Morgen – eine wahre Fundgrube für Raritäten sowie für Kitsch und Kunst ist.

In **Angera** kann man hingegen an jedem zweiten Sonntag des Monats auf der Fiera del Borgo zwischen alten Möbeln, Büchern, Gläsern oder Geschirr stöbern.

Mittwochs-markt in Luino

Jeden Mittwoch ist Markttag in Luino. Das ganze Zentrum der kleinen Stadt am Lago Maggiore verwandelt sich dann in einen riesigen bunten Basar, den größten oberitalienischen Markt. Was immer man sucht, sei es eine Kaffeemaschine, eine Handtasche, Schuhe, Socken oder Strümpfe, Modeschmuck, Keramik, CDs, Schirme

und Lederwaren oder auch Gemüse – der Markt in Luino bietet von allem eine große Auswahl. Da die Zahl der Marktgänger groß ist, die der Parkplätze aber sehr klein (wer in der Stadt einen Parkplatz finden will, der muss schon sehr früh aufstehen), empfiehlt es sich, mit dem Zug oder mit dem Schiff anzureisen.

Sonntagsmarkt in Cannobio

Am Westufer findet in der mittelalterlich geprägten Ortschaft Cannobio jeden Sonntag an der Uferpromenade ein schöner, überschaubarer Markt statt. Neben frischem Bergkäse und Wurst aus dem Piemont gibt es ein großes Angebot an Kleidung und Schuhen. Ferner findet man auf dem Markt in Cannobio reichlich Kupferkessel und Erzeugnisse des Schmiedehandwerks, das hier traditionell angesiedelt ist.

Kleidung vom Markt

Anders als auf deutschen Wochenmärkten kann man sich auf dem italienischen Mercato auch einkleiden. Man findet vielfach Mode auf der Höhe der Zeit, die zwar nicht immer aus den besten Stoffen angefertigt wurde, dafür aber auch sehr preiswert ist. Besonders günstig sind Lederwaren. Hier ist die Qualität oft gut, und die Preise liegen um ein Vielfaches unter dem, was man nördlich der Alpen für Lederjacken, Handtaschen oder Schuhe bezahlt. Die Preise auf Märkten können häufig heruntergehandelt werden – die notwendigen Italienischkenntnisse vorausgesetzt. Die beste Zeit, um zu handeln, ist immer kurz vor Schluss des Marktes.

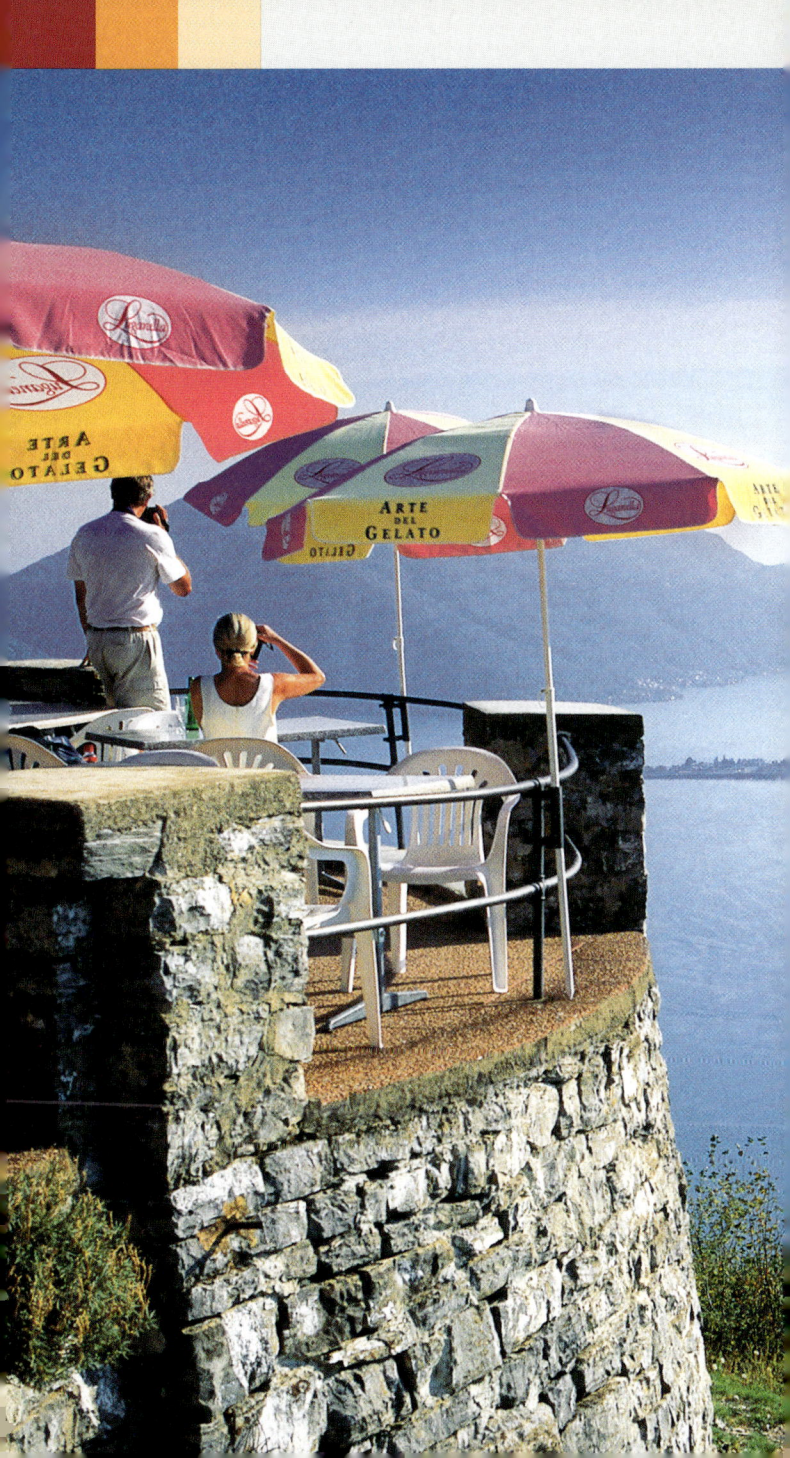

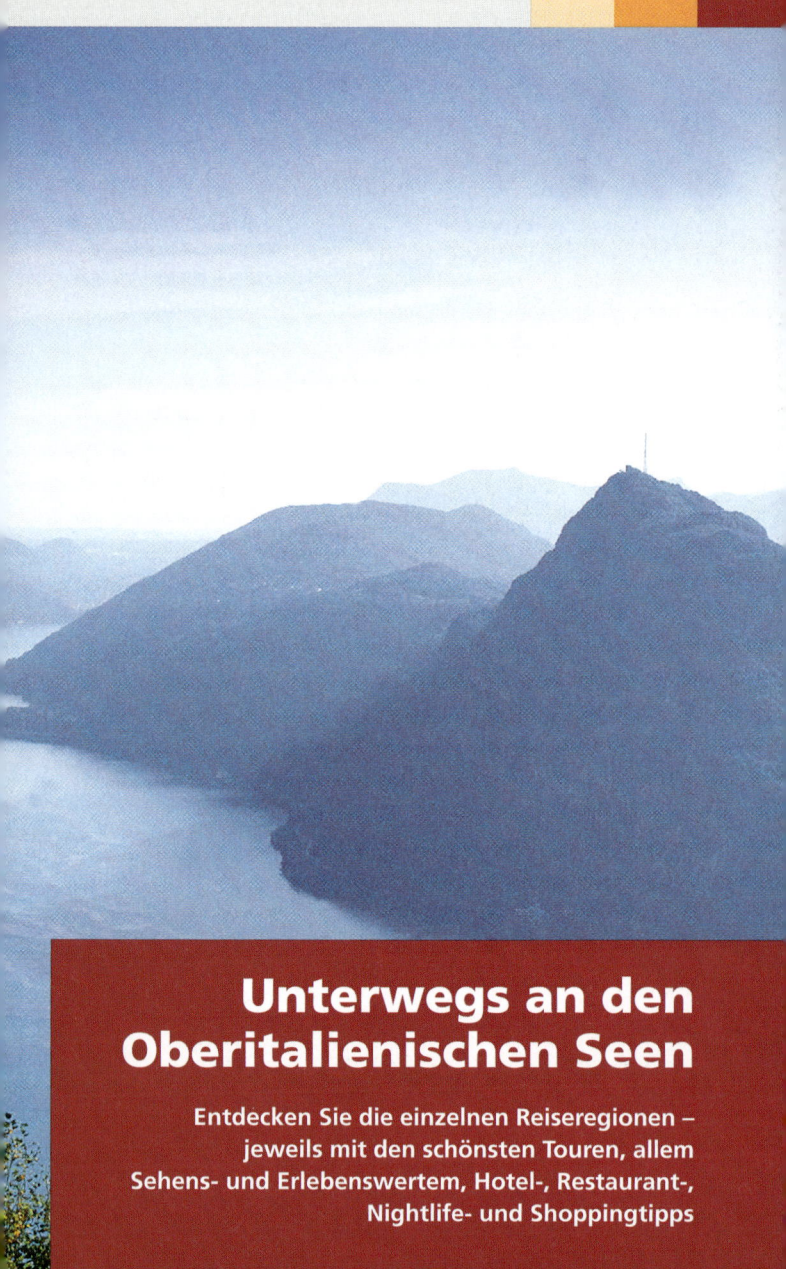

Unterwegs an den Oberitalienischen Seen

Entdecken Sie die einzelnen Reiseregionen –
jeweils mit den schönsten Touren, allem
Sehens- und Erlebenswertem, Hotel-, Restaurant-,
Nightlife- und Shoppingtipps

Lago Maggiore

Nicht verpassen!

- Einen Ausflug ins wildromantische Verzasca-Tal
- Die Blütenpracht in den Gärten der Villa Taranto
- Einen Bootsausflug zu den Borromäischen Inseln
- Tea and Scones im Hotel Iles des Borromées
- Den Wochenmarkt in Luino

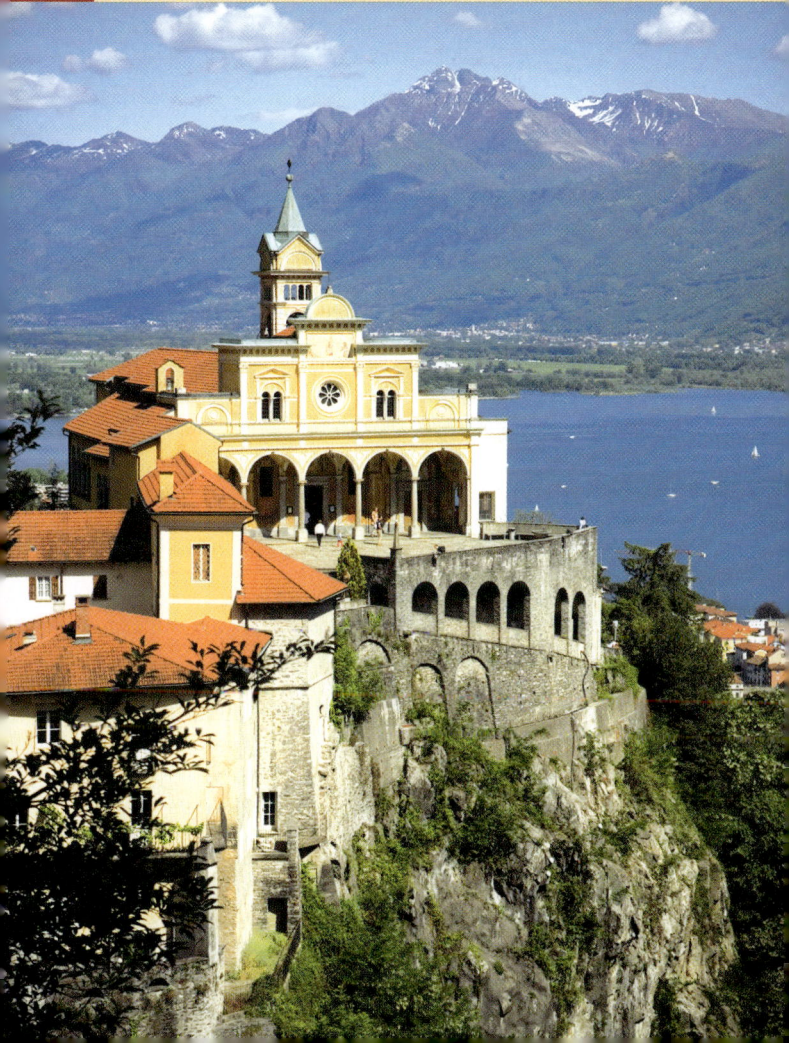

Zur Orientierung

Italien und die Schweiz teilen sich den Lago Maggiore: Das obere Fünftel gehört zum Kanton Tessin der Eidgenossenschaft, das Westufer zur italienischen Region Piemont (Provinz Novara), das Ostufer zur Lombardei (Provinz Varese). Mit einer Wasserfläche von 216 km² ist der Lago Maggiore nach dem Gardasee der zweitgrößte oberitalienische See. Er ist 66 km lang, im Durchschnitt 4 km breit, maximal 11 km, und bis zu 370 m tief. Bedeutendster Zu- und Abfluss ist der Ticino. Ein anderer Zufluss, die Maggia, ist verantwortlich für das größte Flussdelta der Schweiz (ca. 6 km²) zwischen Locarno und Ascona.

Am **Nordufer** bezaubern die eleganten und mondänen Schweizer Zwillingsstädte **Locarno** und **Ascona**. Beide bezaubern mit engen Altstadtgassen und Flaniermeilen mit schicken Boutiquen; Palmen verbreiten bereits südländisches Flair. Am **nördlichen Teil des Westufers** erfährt man am besten die Vielgestaltigkeit der Landschaft des hier Verbano genannten Sees. Noble Villen in symmetrisch angelegten Parks säumen den Weg ebenso wie steil aufragende Felsen und verlassene Dörfer. Neben dem See ist das Hinterland mit seinen alpinen Tälern eine Entdeckung wert. Vor allem das **Tal der Verzasca** begeistert mit glattpolierten Felsen und abgelegenen Bergdörfern.

Das **südliche (piemontesische) Westufer** wird wegen seiner blühenden Gärten und prächtigen Villen im Stil der Belle-Époque besonders gerühmt. Dort vereinen sich Natur und Kunst bei mediterranem Ambiente auf vorzügliche Weise. Anfang des 19. Jhs. war die Ecke ein beliebtes Ziel für Adel, Großbürgertum und Künstler. Wohlhabende Mailänder bauten prunkvolle Villen mit botanischen Gärten, darunter einen der schönsten botanischen Gärten Europas. Einen Höhepunkt nahe des Westufers bilden die **Borromäischen Inseln**, deren Nähe Stresa mondäne Grand-Hotels bescherte.

Im Hinterland des Borromäischen Golfes ist der kleine, urtümliche **Lago d'Orta** mehr als einen Abstecher wert. Touristisches Zentrum sind der von Bauwerken aus Renaissance und Barock geprägte Ort Orta San Giulio und die kleine Insel Isola di San Giulio, die verträumt im See liegt und mit morbiden Charme die Jahrhunderte nahezu unverändert überstanden hat. Wer sich auf die beschauliche Gegend einlässt, der findet mit dem Sacro Monte ein Kulturerbe der UNESCO, kleine Museen und vielleicht im Fabrikverkauf von Omegna ein Schnäppchen für die heimische Küche.

Die berühmte Wallfahrtskirche Madonna del Sasso nahe Locarno

Das **östliche, lombardische Ufer** des Lago Maggiore lässt Nobelorte wie Ascona und Stresa vermissen, auch findet man dort keine üppigen Parks. Reizlos ist das raue Ostufer deshalb aber keineswegs, eher ursprünglich. Bis hinauf nach Laveno ist das Hinterland flach und zersiedelt, weiter nördlich steigt das Seeufer steil an, nimmt alpinen Charakter an, ohne allerdings den mediterranen Hauch einzubüßen, der den Zauber des Lago Maggiore ausmacht.

Landschaftlich weniger reich gesegnet ist auch das benachbarte **Varesotto**. Dabei gibt es zwischen dem Ostufer des Lago Maggiore und dem schweizerischen **Mendrisiotto** durchaus Sehenswertes: die Provinzhauptstadt **Varese** mit ihrem großartigen Sacro Monte und der Villa Panza, den Lago di Varese, eingebettet in eine vom Gletschereis modellierte Hügellandschaft sowie schöne Wander- und Aussichtsberge im Norden.

Wichtige Adressen

Info Ente Turistico Lago Maggiore, Via Bernardino Luini 3, Casella Postale, 6600 Locarno, Tel. 091-7910091, www.maggiore.ch

Schiffsverkehr

Alle größeren Orte sind mit Linienschiffen zu erreichen. Autofähren pendeln zwischen Intra und Laveno. Fahrpläne und Preise: www.navigazionelaghi.it.

Touren in der Region

Ohne Auto um den Lago Maggiore

> ━⑤━ **Locarno › Luino › Casalzuigno › Verbania > Stresa › Borromäische Inseln › Arona › Angera › Santa Caterina del Sasso › Locarno**
>
> **Länge:** 5–6 Tage
> **Praktische Hinweise:**
> Die einzelnen Bootsfahrten dauern selten länger als eine Stunde. Zu den Borromäischen Inseln gibt es ab Stresa regelmäßige Bootsverbindungen. Nach Casalzuigno nehmen Sie den Bus nach Cittiglio bis zur Haltestelle Casale.

Am frühen Mittwochmorgen bringt Sie das Boot von ****Locarno ›** S. 52 nach **Luino ›** S. 79, wo Sie im Hotel gleich einchecken, um die Hände für den Marktbummel frei zu haben. Dort können Sie auch den Hunger mit lokalen Spezialitäten stillen. Für den Nachmittag bietet sich ein Busausflug zur Villa della Porta Bozzolo in **Casalzuigno ›** S. 88 an. Tags darauf geht es per Boot weiter zur Villa Taranto in ***Verbania ›** S. 63, wo Sie sich direkt an der Zufahrt zu den Gärten eine Nacht im Hotel Grand Majestic gönnen sollten. Erkunden Sie die Gärten, das Museo del Paesaggio und Verbania. Am Freitag nehmen Sie zunächst das Boot direkt nach **Stresa ›** S. 68, um sich dort

für zwei oder drei Nächte einzuquartieren. Der Rest des Tages steht dann für die Erkundung der **Borromäischen Inseln** ❯ S. 70 zur Verfügung. Nach einem ausgiebigen Frühstück bringt Sie am nächsten Vormittag das Boot nach **Arona** ❯ S. 74, wo Sie aus dem Kopf der Kolossalstatue San Carlo Borromeo über den See schauen können, und nach **Angera** ❯ S. 76 mit seiner markanten Feste *Rocca di Angera, in der sich ein tolles Puppenmuseum befindet. Der Sonntag bringt einen Bootsausflug nach **Santa Caterina del Sasso** ❯ S. 77, einer kunsthistorisch bedeutenden Wallfahrtsstätte. Am Nachmittag können Sie mit dem Zug von Stresa über Domodossola und die Centovalli zurück nach **Locarno** fahren.

Rundfahrt im Süden

━❻━ Verbania ❯ Stresa ❯ Borromäische Inseln ❯ Arona ❯ Angera ❯ Santa Caterina del Sasso ❯ Laveno ❯ Verbania

Länge: 3–4 Tage, 100 km
Praktische Hinweise:
Unter Einbezug der Autofährverbindung Laveno – Intra/Verbania kann die Autoroute zu einer Rundtour ergänzt werden. Zu den Borromäischen Inseln gibt es ab Stresa Bootsverbindungen.

Nach einem Spaziergang durch die Gärten der Villa Taranto besuchen Sie in **Verbania** ❯ S. 63 das Museo del Paesaggio. Auf dem Weiterweg speisen Sie in der Osteria Boccon di Vino in **Suna** ❯ S. 67, bevor Sie in **Stresa** ❯ S. 68 für zwei Nächte Ihr Hotel beziehen. Am Folgetag stehen die **Borromäischen Inseln** ❯ S. 70 auf dem Programm, wobei Sie auf der Isola dei Pescatori zu Mittag essen. Wie wäre es anschließend mit einer Seilbahnfahrt auf den **Monte Mottarone** ❯ S. 69? Tags darauf folgen Sie der Küstenstraße bis **Arona** ❯ S. 74 und stärken sich nach dem Stadtbummel in der Osteria Campagna. Nachmittags bleibt noch Zeit für die Burg von **Angera** ❯ S. 76 und für **Santa Caterina del Sasso** ❯ S. 77, bevor Sie Ihr nächstes Nachtquartier ansteuern oder die Autofähre von **Laveno** ❯ S. 78 zurück nach **Verbania** nehmen.

Lago d'Orta

━❼━ Stresa ❯ Monte Mottarone ❯ Ameno ❯ Orta San Giulio ❯ Isola di San Giulio ❯ Orta San Giulio ❯ Sacro Monte ❯ Omegna ❯ Quarna Sotto ❯ Stresa

Länge: 2 Tage, 90 km
Praktische Hinweise:
Die vorgeschlagene Tour ist in dieser Form nur mit dem Auto durchführbar.

Besorgen Sie am Morgen die Zutaten für ein Gipfelpicknick, bevor Sie von **Stresa** ❯ S. 68 aus nach **Gignese** ❯ S. 69 fahren. Dort werfen Sie einen Blick in das Schirmmuseum, um dann durch den Botanischen Garten zu spazieren. Breiten Sie Ihre Picknickdecke

49

vor dem Panorama am **Monte Mottarone ›** S. 69 aus, bevor Sie in **Ameno ›** S. 73 die Fondazione Calderara besuchen. In **Orta San Giulio ›** S. 71 beziehen Sie schließlich Ihr Hotel, denn am frühen Abend wartet das Boot zur **Isola di San Giulio ›** S. 72, wo Sie in einem historischen Speisesaal dinieren. Da Sie am See nächtigen, können Sie den Abend so richtig genießen, bevor Sie der private Fährservice wieder zum Festland bringt! Der folgende Tag beginnt mit den Kapellen des **Sacro Monte ›** S. 73. Stilvoll zu Mittag speisen können Sie in der Villa Crespi, um nach dem Espresso **Omegna ›** S. 73 anzusteuern, wo u.a. Maschinen zu dessen Zubereitung produziert werden. Nach einem Abstecher zum Blasinstrumentendorf **Quarna Sotto ›** S. 74 ist der Ausgangspunkt **Stresa** schnell wieder erreicht.

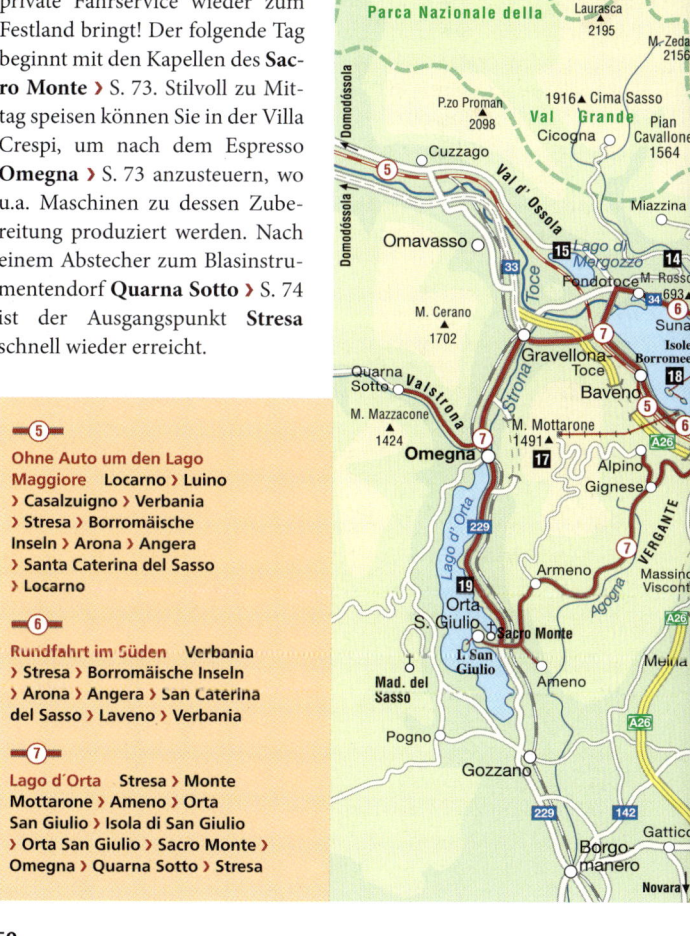

〓5〓

Ohne Auto um den Lago Maggiore Locarno › Luino › Casalzuigno › Verbania › Stresa › Borromäische Inseln › Arona › Angera › Santa Caterina del Sasso › Locarno

〓6〓

Rundfahrt im Süden Verbania › Stresa › Borromäische Inseln › Arona › Angera › Santa Caterina del Sasso › Laveno › Verbania

〓7〓

Lago d'Orta Stresa › Monte Mottarone › Ameno › Orta San Giulio › Isola di San Giulio › Orta San Giulio › Sacro Monte › Omegna › Quarna Sotto › Stresa

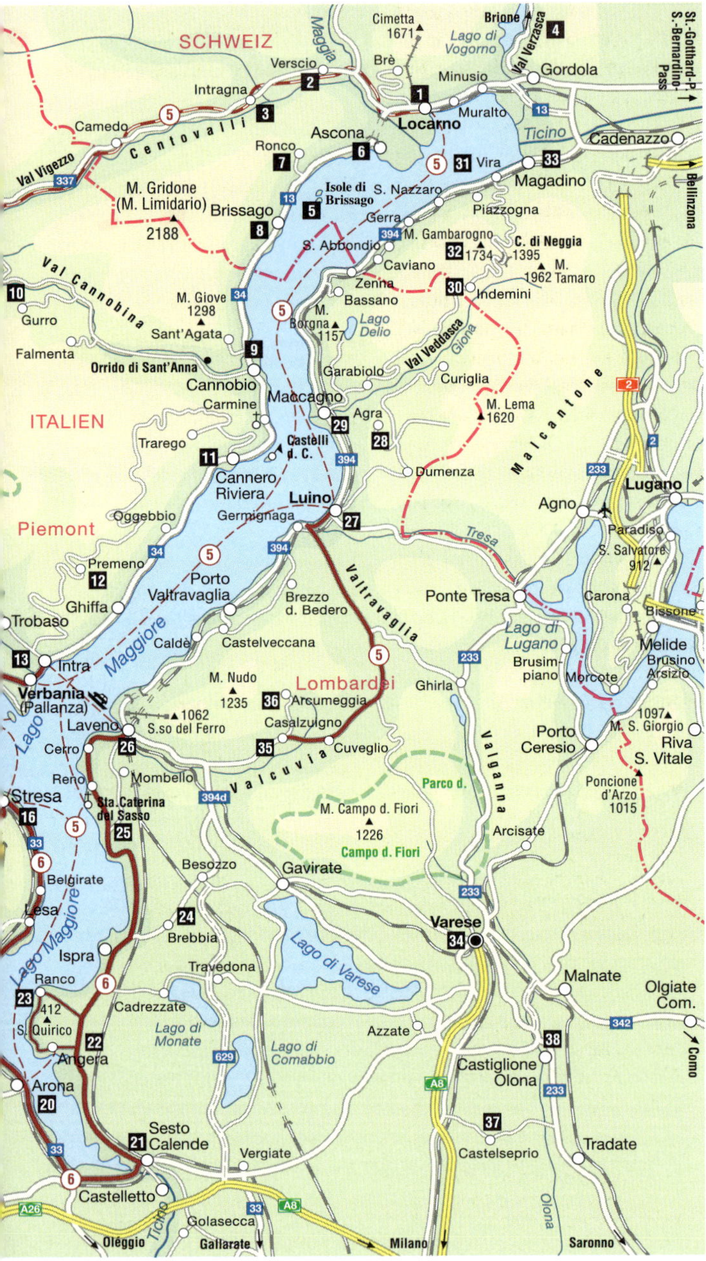
SCHWEIZ
ITALIEN
Piemont
Lombardei
Locarno
Ascona
Brissago
Cannobio
Luino
Verbania (Pallanza)
Intra
Laveno
Stresa
Arona
Sesto Calende
Varese
Lugano
Gavirate
Lago Maggiore
Lago di Varese
Lago di Lugano
Lago di Monate
Lago di Comabbio
Centovalli
Val Cannobina
Valtravaglia
Valcuvia
Valganna
Malcantone
Bellinzona
Como
Milano
Saronno
Gallarate
Oleggio
Tradate
St.-Gotthard-P.
S.-Bernardino-Pass
Parco d. Campo d. Fiori
M. Campo d. Fiori 1226
M. Gridone (M. Limidario) 2188
M. Lema 1620
M. Tamaro 1962
Isole di Brissago
Castelli d. C.
Orrido di Sant'Anna
Sta. Caterina del Sasso

Unterwegs am Lago Maggiore

**Locarno

In eleganter Pose erstreckt sich am Westufer des Lago Maggiore die Stadt Locarno (17 000 Einw.), die mit Lugano um den Rang der schönsten Stadt im Tessin buhlt. Die herrliche Landschaft am oberen Ende des Lago Maggiore und das milde Klima lockten bereits im ausgehenden 19. Jh. sonnenhungrige Nordländer an. Der große Aufschwung kam nach dem Zweiten Weltkrieg und erfasste auch die Nachbargemeinden Muralto, Minusio, Orselina und Brione. Heute besteht ein zusammenhängendes Siedlungsgeflecht von der Maggia bis zur Verzasca.

tiges Aussehen erst im 19. und 20. Jh. Ursprünglich grenzte er direkt ans Seeufer. Die bergseitige Häuserzeile lädt mit durchgehenden Laubengängen zum Flanieren ein, während östlich der Stadtpark mit dem Theater anschließt.

Shopping

Auf der Piazza findet jeden Donnerstag ein **Markt** statt (im Winter nur jeden 2. Do), auf dem neben Obst und Gemüse auch Kunsthandwerk aus dem Tessin angeboten wird. Besonders beliebt sind Boccalini, kleine Krüge, aus denen der einheimische Tessiner Rotwein getrunken wird, sowie Strickwaren aus naturgefärbter Wolle aus dem Valle Verzasca.

Piazza Grande Ⓐ

Der lang gestreckte Platz mit seiner Kopfsteinpflasterung ist Zentrum der Stadt. Er erhielt sein heu-

*Castello Visconteo Ⓑ

Im Westen mündet die Piazza Grande in die Via Franchino Rusca, an der sich das Castello erhebt.

Filme auf der Piazza Grande

Seit 1947 wird jedes Jahr im August auf der Piazza Grande eine der größten Filmeinwände Europas aufgespannt: Zeit für das Internationale Filmfestival von Locarno, eines der ältesten und bedeutendsten Filmereignisse. Junge Filmschaffende und neue Filme finden ebenso ein Podium wie zahlreiche Retrospektiven, die dazu beigetragen haben, verkannte Regisseure wieder aus der Vergessenheit zu holen, wie Frank Tashlin oder Alberto Cavalcante.

Mehr als 7000 Zuschauern pro Aufführung bietet die Piazza Grande Platz, die ihrem Namen zwar alle Ehre machen mag, dem Ansturm der insgesamt 200 000 Cineasten pro Jahr aber kaum noch standhält. Die Liste der großen Filmemacher, die unter anderem auf dem Filmfest von Locarno bekannt geworden sind, scheint endlos: Woody Allen, Rainer Werner Fassbinder, Jim Jarmusch, Jacques Rivette und Roberto Rossellini sind nur einige von ihnen.

Obwohl 1532 bis auf den Palas (Hauptgebäude) und den Nordwestturm von den Eidgenossen geschleift, zählt es noch heute zu den bedeutendsten Schlössern des Tessin. Die Gründung reicht bis ins Mittelalter zurück; die Visconti errichteten im 14. Jh. eine neue Festung, ein großzügiger Ausbau erfolgte in der zweiten Hälfte des 15. Jhs. unter den Rusca.

Die mit Türmen reich bewehrte Anlage besaß damals einen eigenen Hafen und galt als uneinnehmbar. Besonders schön ist der Hof, den eine Renaissance-Loggia umgibt. Heute ist im Castello das **Museo civico e archeologico** untergebracht. Es umfasst eine reiche archäologische Sammlung (darunter römische Gläser), prä-romanische und romanische Skulpturen, ferner lokalhistori-sches Material. Ein Gedenksaal erinnert an den Abschluss der Locarno-Verträge im Jahr 1925 (Di–Fr 10–12, 14–17, Sa/So 10–17 Uhr).

Die Altstadt

Zwischen der Piazza Grande, dem Schloss und der Contrada Borghese liegt der historische Stadtkern von Locarno. Er verführt mit seinen Gassen und den verwinkelten Plätzen geradezu zu einem Bummel.

Zu den schönsten Bürgerhäusern gehört die **Casa Rusca** an der Südseite der Piazza Sant'Antonio, eine vornehme Patriziervilla mit dreigeschossigem Arkadenhof aus dem 18. Jh. Sie beherbergt das **Städtische Kunstmuseum** (*Pinacoteca Comunale*, Di–So 10–12, 14–17 Uhr).

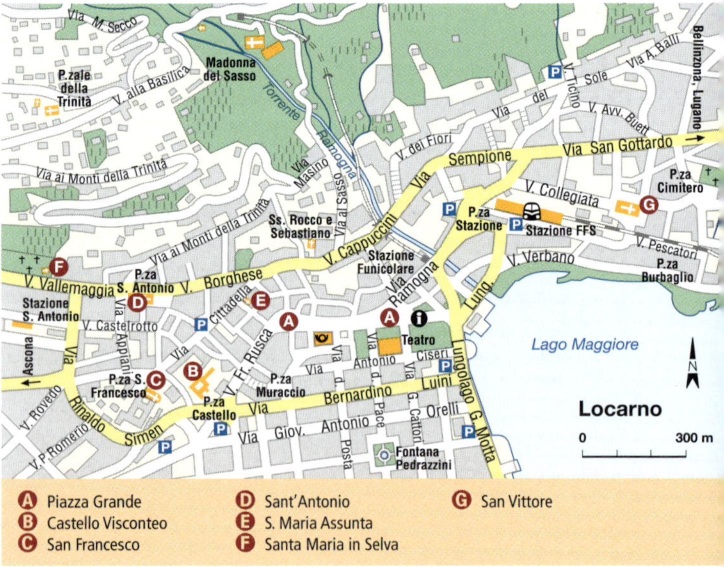

Ⓐ Piazza Grande
Ⓑ Castello Visconteo
Ⓒ San Francesco
Ⓓ Sant'Antonio
Ⓔ S. Maria Assunta
Ⓕ Santa Maria in Selva
Ⓖ San Vittore

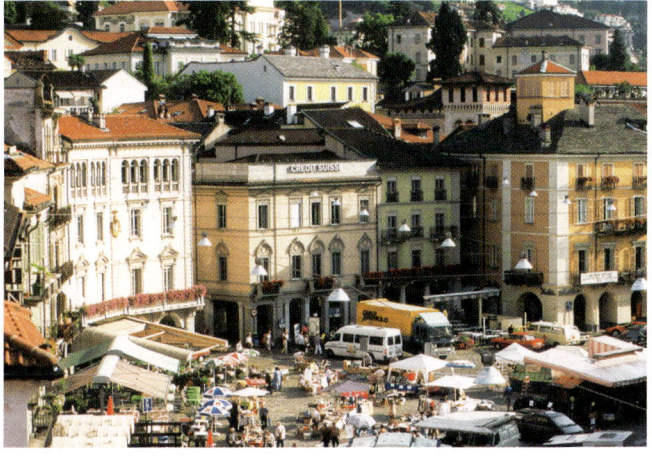
Auf der Piazza Grande von Locarno ist jeden Donnerstag Markt

Beachtung verdienen auch die drei Kirchen der Altstadt: **San Francesco** , ein Nachklang der mittelalterlichen Bettelordenarchitektur (16. Jh., mittags geschl.), die Pfarrkirche **Sant'Antonio** ⑩ (17. Jh.) und **Santa Maria Assunta** ⑤, im Volksmund *Chiesa Rossa* genannt, ein üppig ausgestalteter Frühbarockbau (1636).

Außerhalb, an der Straße nach Solduno, steht das Kirchlein **Santa Maria in Selva** ⑤. Das um 1400 erbaute Gotteshaus wurde 1884 bis auf den Turm und den quadratischen Chor abgebrochen. Erhalten geblieben sind aber die Chorfresken aus spätgotischer Zeit (Szenen aus dem Christusleben, 15. Jh.).

San Vittore ⑥

Bedeutendster Sakralbau am oberen Lago Maggiore ist die Kirche San Vittore in Muralto (in Bahnhofsnähe des Ortes). Die dreischiffige romanische Pfeilerbasilika entstand zwischen 1090 und 1110. An der Südseite prangt ein vorzügliches ***Marmorrelief** des hl. Viktor als Reitersmann (1460). Im Innern wurden bedeutende romanische und spätgotische Fresken freigelegt. Unter dem Chor liegt die romanische ****Hallenkrypta**, die mit reicher ornamentaler und figürlicher Kapitellplastik ausgeschmückt ist.

Hotels

■ La Palma au Lac
Viale Verbano 29][6600 Locarno
Tel. 0 91-7 35 36 36
www.ramada-treff.ch
Gediegenes 4-Sterne-Stadthotel mit 68 Zimmern, direkt an der Seepromenade, schöne Sonnenterrasse. ●●●

■ Rio
Via Collegiata 1
6600 Locarno
Tel. 0 91-7 43 63 31
www.hotel-rio.ch

Karte
Seite 50

Elegante, dreistöckige Jugendstilvilla in einem Palmengarten; familiäres Ambiente. ●●

■ Nessi
Via Varenna 79][**6600 Locarno**
Tel. 0 91-7 51 77 41
www.garninessi.ch
Wohnen in neuester Architektur der Tessiner Schule. Garten mit beheizbarem Pool. ●●

■ Vecchia Locarno
Via Motta 10][**6600 Locarno**
Tel. 0 91-7 51 65 02
www.hotel-vecchia-locarno.ch
Individuelle Atmosphäre in der Altstadt; schöner Innenhof. ●●—●

Campingplätze

■ Camping Delta
Via Respini 7
6600 Locarno
Tel. 0 91-7 51 60 81
www.campingdelta.com.
Ruhiger Platz in einem Park, wenige Minuten zum Stadtzentrum. Tauchschule, Gleitschirmbasis und Fahrradvermietung.

■ Camping Campofelice
Via alle Brere 7
6598 Tenero
Tel. 0 91-7 45 14 17
www.campofelice.ch
Schattiger Platz am Ausgang des Verzasca-Tals mit Sandstrand, Aquapark und Kinderspielplätzen sowie Beachvolleyball, Tennis und Minigolf.

Restaurants

■ Osteria del Centenario
Lungolago Motta 17
6600 Locarno-Muralto
Tel. 0 91-7 43 82 22
Feinstes Ess-Erlebnis, legendäre Tessiner Küche. So geschl. ●●●

■ Trattoria da Luigi
Via Dogana Vecchia 1][**6600 Locarno**
Tel. 0 91-7 51 97 46
Tessiner Küche in gemütlichem Ambiente. ●●

Nightlife

Am Abend trifft man sich in den Bars und Cafés entlang des Lungolago G. Motta, etwa im **Lungolago** (Via Bramantino 1). In der Via della Posta findet man die trendige **Bar Sport** und in der **Pardo Bar** rockt die Szene zum Sound der 1970er- und 1980er-Jahre (Via della Motta 3). Im **Grand Casino** (Largo Zorzi 1, Tel. 091/756 30 30) kann man sein Glück versuchen.

Ausflüge ab Locarno

*Madonna del Sasso

Auf einer felsigen Anhöhe oberhalb von Locarno erhebt sich der bekannteste Wallfahrtsort (346 m) der italienischen Schweiz gleichsam als Aussichtsterrasse über die Berge und den See. Man erreicht ihn bequem über eine gut ausgebaute Straße oder in gut 5 Min. mit der Standseilbahn ab der Via Ramogna nahe des Bahnhofs. Auf den Spuren der Pilger geht man ab der Piazza Grande auf dem alten Kreuzweg (Via Crucis, ca. 30 Min.).

Die heutige Anlage der ockergelben, reich ausgestatteten Wallfahrtskirche **Santa Maria Assunta** geht auf das 16. und 17. Jh. zurück. Hauptattraktion ist das *Altarbild »Flucht aus Ägypten« von Bramantino (um 1520).

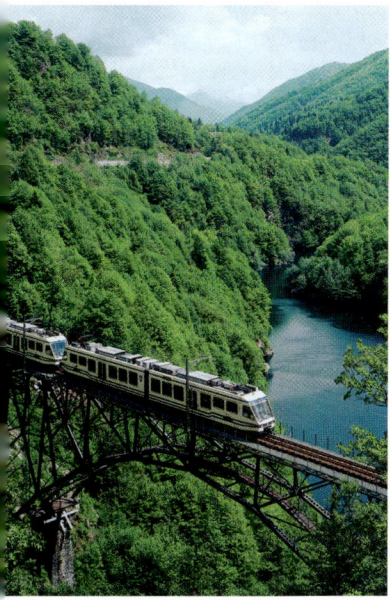

Im Centovalli

Cimetta

Wer hinauf in die Welt der Gipfel strebt, der kann vom Ortsteil Orselina aus mit der neuen, vom Tessiner Star-Architekten Mario Botta gestalteten Seilbahn zur **Cimetta** (1671 m) entgleiten. Dort kann man schlicht nur das großartige Panorama genießen oder man wandert weiter zur Cima della Trosa (1869 m), einem der besten Aussichtsgipfel des Tessin. Der Abstieg führt dann über die Alpı dı Bıetri und Cardada hinab zur Kirche Madonna del Sasso (5,5 Std., 16 km).

Verscio 2

Der kleine Ort nur wenige Kilometer westlich von Locarno lohnt einen Ausflug zur Abendstunde.

Dann werden im **Teatro Dimitri,** einen kulturellen Juwel für die ganze Familie, sprachübergreifende Stücke vom Ensemble der angegliederter Theaterschule aufgeführt. An Vorstellungstagen (März bis November) ist für Gäste mit Eintrittskarten für die Theatervorstellung der Besuch des **Theatermuseums** eingeschlossen, das Requisiten aus der Arbeit der Clowns, Filme, Photografien und Plakate zeigt (6653 Verscio, Tel. 0 91-7 96 25 44, Museum 17–24 Uhr).

Centovalli

Ein Abenteuer auf Schienen ist eine Zugfahrt durch die Centovalli. Die Berge bilden hier ungezählte Täler, die der Zug über hohe Brücken und durch enge Felsschluchten durchquert. Mit der Bahn ist man auch schnell im Wandergebiet um **Intragna** 3 mit Touren wie Tegna – Gordevio (10 km, 4 Std.), Intragna – Camedo (16 km, 6 Std., mit Besteigung des Monte di Comino, 1166 m) und Loco – Intragna (6 km, 2 Std).

Hotel

Ein schönes Standquartier ist das Hotel Stazione, in dessen Restaurant Da Agnese feinste Tessiner Küche serviert wird (6655 Intragna, Tel. 0 91-7 96 12 12, www.daagnese.ch, ●●●).

Val Verzasca 4
Eine wilde Lanschaftsschönheit ist das Verzasca-Tal, in dem sich die grün schillernde

Verzasca zwischen weißen Fels-
wänden ihren Weg bahnt. Erst
seit 1870 ist das Tal über einen bequemen Weg mit dem Rest der
Welt verbunden, zuvor gab es nur
einen schmalen Saumpfad, der
sich zwischen den 2000 und
2800 m hohen Bergflanken hin-
durchschlängelte. Nördlich von
Tenero riegelt die mit 220 m
höchste Staumauer Europas das
Tal ab. Bungee-Springer stürzen
sich hier – inspiriert von James
Bond, der in »Golden Eye« auch
von der Staumauer sprang – gerne
in die Tiefe. In **Brione**, dem
Hauptort des Tales, wird man in
der kleinen Kirche Santa Maria
Assunta von Fresken aus der
Giotto-Schule überrascht: Sie
werden Malern aus der Romagna
zugeschrieben und entstanden
etwa um 1330.

Der architektonisch interessante Weiler **Corippo** steht unter
Denkmalschutz, und in **Lavertezzo** überspannt eine mittelalterliche Doppelbogenbrücke den
Fluss, der hier besonders schöne
Badeplätze bietet. Hinter der Brücke liegt rechter Hand der urige
Grotto al Ponte, in dem man unter Kastanienbäumen den Käse
und die Salami des Tals serviert
bekommt (Mai–Okt., 6633 Lavertezzo, Tel. 0 91-7 46 12 77).

Ein intensives Erlebnis bietet
die **Wanderung durch das Verzasca-Tal**. Vom rustikalen Ort
Sonogno mit seinen Natursteinhäusern und Kunsthandwerkslä-
den folgt man dem gut markierten Weg zurück nach Lavertezzo
(13 km, 3,5 Std., Busverbindung).

■ **Grotto Scalinata**
Via Contra 60][**6598 Tenero**
Tel. 0 91-7 45 29 81
Uriges Restaurant mit Aussicht auf die
Weinberge. Deftige Küche. ●●

■ **Ristorante Posse**
6633 Lavertezzo
Tel. 0 91-7 46 17 96
Flussforellen, Terrinen, Wild und Ziegen
werden hier traditionell zubereitet.
Mai–Okt.●●

*Isole di Brissago 5

Die Brissago-Inseln sollen einst
verfolgten Christen als Zuflucht
gedient haben. Im 12. Jh. wurde
auf dem **Isolino** – der kleineren
Insel – eine dem hl. Apollinaris
geweihte Kirche errichtet, von der
heute nur noch Mauerreste kün-
den. Auf der **Isola Grande** bezaubert der um 1885 angelegte, 3,3 ha
große ***Botanische Garten** des
Kantons Tessin den Besucher mit
einer einzigartigen Vegetation aus
einheimischen, aber auch austra-
lischen, neuseeländischen und
südafrikanischen Pflanzen sowie
Nutz- und Arzneipflanzen. Die
1927 im Renaissancestil errichtete
Villa Eden beherbergt heute ein
Restaurant (Mitte März–Mitte
Okt. tgl. 9–18 Uhr, www.isoleb-
rissago.ch). Es gibt Schiffsverbindungen ab Locarno, Ascona, Brissago und Porto Ronco zur Insel.

2 ***Ascona** 6

Noch vor 1900 ein verschlafenes
Fischerdorf, war der Ort zunächst
ein Dorado für die »Wahrheitssu-
cher«, die sich als Vertreter einer

naturbezogenen theosophischen Lebensform auf dem Monte Verità niederließen **>** S. 34, ehe sich Ascona zum mondänen Urlaubsort mit Boutiquen und Kunstgalerien entwickelte. Der Bauboom erfasste zwar das Maggia-Delta und die Collina (Monte Verità), verschonte aber den alten *Borgo*, die Altstadt. So hat sich das Städtchen eine unverwechselbare Atmosphäre bewahrt.

Die Altstadt

Hinter der berühmten Seepromenade **Piazza G. Motta**, auf der sich Geld- und Geistesadel im Sommer allabendlich ein Stelldichein geben, liegt der *Borgo*, die malerische, autofreie Altstadt. Die Gässchen säumen Arkaden, immer wieder eröffnen sich Durchgänge zu malerischen Winkeln, fallen architektonische Details auf.

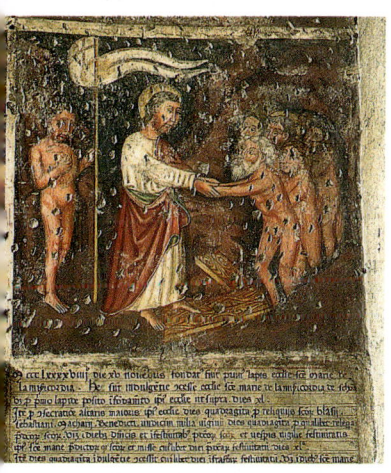

Fresken in der Santa Maria della Misericordia

Kirche Santi Pietro e Paolo und *Casa Serodine

Die Pfarrkirche Santi Pietro e Paolo, eine dreischiffige Säulenbasilika (13. Jh., Umbau 16. Jh.) mit hoch aufragendem Turm, birgt drei Tafelbilder des einheimischen Malers Giovanni Serodine (1594–1630), der gleich nebenan im schönsten Barockbau Asconas lebte, in der Casa Serodine. Das prachtvolle Gebäude, das etwa 1620 von Cristoforo und seinem Sohn Giovanni Battista Serodine errichtet wurde, ist auch mit Stuckarbeiten der Serodines geschmückt.

Collegio Papio

Am Rand des alten Ortskerns liegt das 1584 gegründete Collegio Papio. Der zweigeschossiger Innenhof des Collegio zählt mit seinen Loggienreihen zu den schönsten Renaissancehöfen der Schweiz.

Die Kirche **Santa Maria della Misericordia** (1399–1442) wurde nach der Gründung dem Kollegium angegliedert. In strenger Bettelordenarchitektur errichtet, bewahrt sie kostbaren Freskenschmuck (15./16. Jh.). Hervorzuheben ist der große *Bilderzyklus im Chor: an der Nordwand etwa 60 Bildfelder mit Szenen aus dem Alten Testament, an der Südwand Darstellungen aus dem Leben Christi.

Museo Comunale d'Arte Moderna

In den Galerien und Antiquitätenläden des *Borgo* findet sich

Kunst neben Kitsch, Avantgardistisches neben Traditionellem. Zeitgenössisches zeigt das **Museo Comunale d'Arte Moderna** im Palazzo Pancaldi an der Via Borgo. Das Herzstück der Sammlung bilden Gemälde und Skizzenbücher der expressionistischen Malerin Marianne von Werefkin (März–Dez. Di–Sa 10–12, 15–18, So u. Fei 16–18 Uhr, Tel. 0 91-7 59 81 40, www.museoascona.ch).

Museo Epper

Nur wenige hundert Meter östlich der Seepromenade leigt das Museo Epper. Epper war ein wichtiger Vertreter des schweizer Expressionismus. Mit seiner Frau Mischa lebte und arbeitete er in Ascona. Im ehemaligen Atelier des Ehepaars sind heute Gemälde, Zeichnungen, Holzschnitte und Plastiken beider Künstler zu sehen (Via Albarelle 14, 6612 Ascona, Tel. 0 91-7 91 19 42, Di–Fr 10–12, 15–18 Uhr, Sa u. So 15 bis 18 Uhr (Juli/August statt 15–18 nur 20–22 Uhr).

Monte Verità

Über Ascona thront der heute stark verbaute Monte Verità mit Aussicht auf den See und das Maggiadelta (Spazierwege). Die **Casa Anatta**, 1902–1920 Wohnhaus und Repräsentationsgebäude der »Vegetarischen Cooperative Monte Verità« ❯ S. 34, bewahrt interessante Dokumente zur Geschichte all der Reformer und Kommunarden, die letztlich zu den Vorläufern der Lebensreformbewegung der 1890er-Jahre wurden (Via Collina, 6612 Ascona, Tel. 0 91-7 85 40 40, April bis Juni, Sept./Okt. Di–So 14.30–18, Juli/Aug. 15–19 Uhr).

Neu auf dem Monte Verità ist ein Teegarten mit japanischem Pavillon, Zengarten und Teehaus (März–Okt. 13.30–18.30 Uhr, Teezeremonie Di und letzter Sa im Monat 17 Uhr).

Wer die magnetischen Kräfte des Monte Verità selbst prüfen möchte, der kann sich im **Hotel Monte Verità** einquartieren (www.monteverita.org, zahlreiche kulturelle und wissenschaftliche Veranstaltungen).

Info

Sportello di Ascona
Via B. Papio 5][6612 Ascona
Tel. 0 91-7 91 00 91
www.maggiore.ch

Hotels

■ **Castello Seeschloss**
Piazza G. Motta][6612 Ascona
Tel. 0 91-7 91 01 61
www.castello-seeschloss.ch
Luxuriöses Vier-Sterne-Romantikhotel an der Seepromenade. Großer Pool im Garten, Restaurant mit Palmenterrasse zum See. ●●●–●●

■ **Casa Berno**
Via Gotthardo Madonna 15
6612 Ascona][Tel. 0 91-7 91 32 32
www.casaberno.ch
Nahe dem Monte Verità gelegene Oase der Ruhe in Kastanienwäldern. Herrliches Panorama. ●●●

Campingplätze

Riposo, Zandone (bei Losone).

Restaurants

■ **Locanda Barbarossa**

Via Muraccio 142][6612 Ascona

Tel. 0 91-7 91 02 02

www.castellodelsole.com

Mediterrane Küche auf höchstem Niveau, großartige Weinauswahl. ●●●

■ **Ecco**

Via Segnale 10][6612 Ascona

Tel. 0 91-7 85 88 88

www.giardino.ch

Der junge Koch Rolf Fliegauf ist ein Vertreter der Molekularküche und immer auf der Suche nach dem ultimativen Gaumen-Genuss. ●●●

■ **Al Pontile**

Piazza G. Motta 31][6612 Ascona

Tel. 0 91-7 91 46 04

Das traditionsreiche Restaurant serviert leichte mediterrane Küche.

●●–●●●

■ **Grotto Raffael**

Vicolo Canaa 21][6616 Losone

Tel. 0 91-7 91 15 29

Traditioneller, beliebter Grotto – Gott und die Welt treffen sich hier. Mo geschl. ●●

Shopping

Cantina dell'Orso

Via Orelli 8][6612 Ascona

Tel. 0 91-7 85 80 20

www.orsovini.ch

Gut sortierter Weinladen in der Altstadt. Mehr als 200 Weine aus dem Tessin, dazu Liköre und Delikatessen.

Ronco ▣

Vom Seeufer bei Porto Ronco führt ein Sträßchen (2 km) hinauf nach Ronco. Von dort genießt man die schönste Ansicht der berühmten **Isole di Brissago** ❭ S. 57.

Typisch für den Ortskern sind die turmartigen Häuser, die mittels gedeckter Durchgänge miteinander verbunden sind. Beim Bummel durch die engen Gassen lassen sich mittelalterliche Fensterumrahmungen, Schießscharten, Rundbogentore und Reste von Wandgemälden entdecken. Die Pfarrkirche San Martino bewahrt spätgotische Fresken von Antonio da Tradate (1492).

Brissago ▣

Brissago ist ein beliebter, mit seinen schönen Palazzi und der üppigen subtropischen Vegetation sehr südländisch anmutender Ferienort. Im Mittelalter genoss Brissago als reichsunmittelbare Miniaturrepublik besondere Privilegien (Steuer- und Zollfreiheit, Gerichtsbarkeit), die seit der Zugehörigkeit zur Eidgenossenschaft im 16./17. Jh. stark verteidigt werden mussten. Heute stellt der Tourismus, der leider auch das historische Ortsbild nachteilig verändert hat, eine Haupteinnahmequelle von Brissago dar. Schönster Profanbau des alten Stadtkerns, der auf einem Schwemmfächer liegt, ist die **Casa Branca** (auch Palazzo Baccalà genannt, 1680–1720) mit reicher Schaufassade.

Die Renaissancekirche ***Madonna di Ponte** südlich des Ortes gilt als eine der bedeutendsten Schöpfungen der lombardischen Architektur in der Schweiz (1520 bis 1545). Ihr Baumeister war Giovanni Beretta.

Südlich des Ortes ist direkt am See die 1847 gegründete **Zigarrenfabrik Fabbrica Tabacchi** angesiedelt, ein architektonisches Relikt aus dem Zeitalter der Industrialisierung. Die Virginia-Zigarre »Brissago« hat weit über die Schweiz hinaus ihre Anhänger (Via R. Leoncavallo 55, 6614 Brissago, Tel. 0 91-7 86 81 81, Führungen Mai–Sept., Infos im Verkehrsbüro, Tel. 0 91-7 91 00 91).

Hotel

■ **Villa Caesar**
Via Gabbietta 3][6614 Brissago
Tel. 0 91-7 93 27 66
www.villacaesar.ch
Modernes, einer römischen Villa nachempfundenes Gebäude in einer Parkanlage am See mit 32 großzügigen Suiten mit Balkon. Nur wochen- oder halbwochenweise zu buchen. ●●●

■ **Parkhotel Brenscino**
Via Sacro Monte 21][6614 Brissago
Tel. 0 91-7 86 81 11
www.brenscino.ch.
Ideales Familienhotel mit modernen Zimmern und herrlichem Panoramablick. Ausgezeichnete Küche. Für die Kids ist viel geboten. ●●●

Restaurants

■ **Grotto Borei**
Via Ghiridone 71][6614 Brissago
Tel. 0 91-7 93 01 95
Grotto der gehobenen Kategorie mit Tessiner Küche und herrlicher Ausblick über den See. Abends reservieren. Do geschl. ●●

■ **Trattoria Arte e Musica**
6614 Brissago-Gadero
Tel. 0 91-7 80 95 37
www.trattoriaartemusica.ch

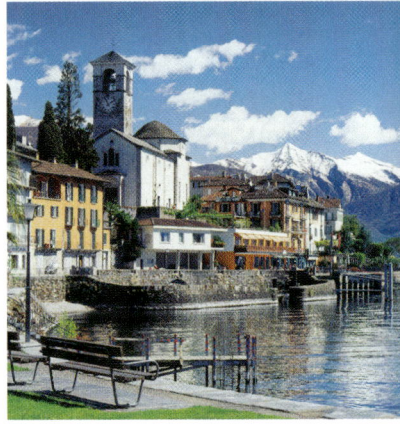

Blick auf Brissago

Bodenständige, rustikale Osteria oberhalb von Gadero hoch über dem See. Mo geschl. ●●

*Cannobio 9

Cannobio, das römische Canobium, ist ein liebenswerter Ort mit historischem Kern, malerischen Arkaden am See und der sehenswerten Wallfahrtskirche **Santa Pietà** (1571). In einem Reliquienschrein werden Tücher verehrt, mit denen das Blut aufgefangen wurde, das während eines »Wunders« 1522 aus einer spätgotischen Pietà geflossen sein soll. Im **Palazzo della Ragione** (13. Jh.), dem alten Gerichtsgebäude, ist ein kleines Ortsmuseum untergebracht. Gleich daneben ragt der schöne romanische Turm (11. Jh.) der Kirche **San Vittore** empor. Die Strände Cannobios zählen zu den besten am Lago Maggiore.

Sonntags ist Markttag in Cannobio, dann herrscht an der Ufer-

Echt gut!

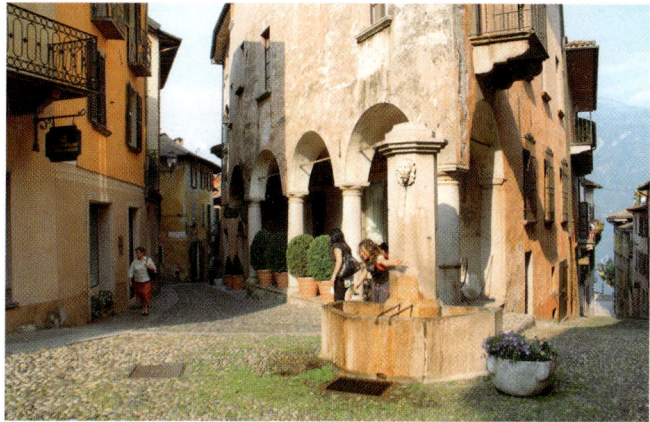

Malerische Gassen in Cannobio

straße ein sinnbetörendes Durcheinander.

Info

Ufficio Turistico Pro Cannobio
Via A. Giovanola 25
28052 Cannobio
Tel. 0 32 37 12 12
www.cannobio.net

Hotel

Hotel Pironi
Via Marconi, 35
28822 Cannobio
Tel. 0 32 37 06 24
www.pironihotel.it
Das romantische Hotel in einem behutsam restaurierten Gebäude aus dem
15. Jh. begeistert durch prunkvolle Säle
mit Deckenfresken und zwölf individuell gestaltete Zimmer. ●●

Camping

Cannobio gilt als das Camperzentrum
am See mit einer großen Auswahl an
Campingplätzen in unterschiedlicher
Lage und Ausstattung.

Restaurant

Antica Stallera
Via P. Zaccheo 9][28822 Cannobia
Tel. 0 32 37 15 95
www.anticastallera.com.
Ausgezeichnetes Restaurant mit italienischer und internationaler Küche, erlesene Weine, schöner Sommergarten.
●●

Ausflug ins Valle Cannobina

Cannobios Hinterland bietet abwechslungsreiche Ausflugsziele.
Nur etwa zwei Kilometer vom
Ortszentrum entfernt rauscht der
Cannobino-Bach durch eine wildromantische Klamm, den ***Orrido di Sant'Anna** (Zufahrt). Darüber thront die kleine Kirche Sant'
Anna. Hinter der Klamm öffnet
sich das ***Val Cannobina**, eingebettet zwischen die mächtigen
Bergstöcke des Gridone (2188 m)
und des Monte Zeda (2156 m). In

*Gurro ⑩ (812 m) sind die Bewohner auf ihre schottische Abstammung stolz. Nach der Schlacht von Pavia (1525) hatten Söldner hier ihr Winterlager aufgeschlagen, um schließlich ganz zu bleiben. Zu Festlichkeiten trägt man noch heute den traditionellen Tartan, und in der Scotch Bar sowie dem Ristorante Scozia geht es noch immer schottisch zu. Die verwinkelten, mittelalterlichen Gässchen im alten Dorfkern laden zum Entdecken ein.

Cannero Riviera ⑪

Vor dem wegen seines milden Klimas beliebten Ferienort ragen draußen im Wasser zwei Felseilande auf, die **Castelli di Cannero**: Einst waren die schroffen Inselburgen gefürchtete Räubernester. 1414 ließ Filippo Visconti die Burgen schleifen, Ludovico Borromeo baute später dort die Burg La Vitaliana (heute Ruinen).

Ausflug nach *Premeno ⑫

Eine kurvenreiche Straße für bergerfahrene Fahrer führt als Alternativroute im Hinterland von Cannero Riviera nach Verbania. Zunächst geht es hinauf nach **Trarego** (771 m; 7 km), einem stillen Bergort in reizvoller Terrassenlage unter dem Monte Pianbello (1325 m). Auf Serpentinen führt die Route über den Passo della Piazza (1048 m), über Colle (1238 m) und Pian Cavallo nach

Premeno (840 m). Der beliebte Ferienort liegt auf dem breiten Höhenrücken zwischen dem Tal des San Giovanni-Bachs und dem Westufer des Lago Maggiore. Spazierwege führen u.a. zum **Pizzo d'Omo** (1070 m; herrlicher Seeblick). Anschließend geht es hinab nach **Verbania** (ca. 35 km).

*Verbania ⑬

In der Ortsbezeichnung von Verbania (31 000 Einw.) ist der antike Name des Lago Maggiore, *Lacus Verbanus*, noch lebendig. Die Stadt entstand erst 1939 durch den Zusammenschluss der Orte Intra, Pallanza sowie weiterer kleiner Gemeinden.

Der Stadtteil **Intra** verdankt seinen Namen wohl der Lage zwischen (intra) den Gebirgsflüssen San Bernardino und San Giovanni, die hier in den See münden. Handel und Industrie prägen das Bild des Viertels, während das mondäne ***Pallanza** zu den renommiertesten Ferienorten am Lago Maggiore zählt. Es ist reizvoll an den Fuß des Monte Rosso gebettet und durch die Punta della Castagnola bzw. die ****Gärten der Villa Taranto** Ⓐ ❯ S. 66 vom geschäftigen Intra getrennt. Im alten Borgo mit seinen verwinkelten Gässchen entdeckt man noch historische Bausubstanz.

Kunstliebhaber kommen im barocken Palazzo Viani-Dugnani (Via Ruga 44, 28922 Verbania-Pallanza, Tel. 03 23 55 66 21, www.museodelpaesaggio.it) auf ihre Kosten: Das lokale **Museo**

del Paesaggio **B** präsentiert neben einer archäologischen Sammlung eine Gemäldegalerie (vor allem Bilder des 19./20. Jhs.) und Arbeiten des Bildhauers Paolo Trubezkoj (1866–1938) aus Intra.

Im **Palazzo Biumi-Innocenti** (Salita Biumi 6, 28921 Verbania-Intra, Eintritt frei), nur wenige Schritte westlich, zeigt die Sammlung Christlicher Kunst eine in Europa einzigartige Kollektion von 5000 Votivbildern. Zudem sind im Palazzo Fotos zur Landschaftsgeschichte ausgestellt (beide Museen April–Okt. Di–So 10 bis 12, 15.30–18.30 Uhr).

Vom baumbestandenen Lungolago genießt man eine stimmungsvolle Aussicht über den See auf den breit-behäbigen Rücken des Mottarone (1491 m). Ganz nah ist die kleinste der berühmten Borromäischen Inseln, der (öffentlich nicht zugänglichen) **Isolino San Giovanni ›** S. 70.

Am Viale G. A. Azari wurde ***Madonna di Campagna C** erbaut. Heute ist ihr Ambiente durch die Nachbarschaft von Industriebauten beeinträchtigt. Im Kern romanisch, wurde das Gotteshaus zwischen 1519 und 1527 im Stil der Renaissance umgestaltet. Originell ist die achteckige Kuppel mit ihrer Säulengalerie. Von der reichen Ausstattung sind das geschnitzte Chorgestühl (1582) und die Wandmalereien aus dem 16. Jh. hervorzuheben. Der Kirche zur Seite steht der schlanke romanische Campanile.

An einem Sonntag Anfang September verwandelt sich Verbania

in ein einziges Blumenmeer. Beim **Corso Fiorito** ziehen üppig mit Blumen geschmückte Wagen, auf denen allen erdenklichen Figuren aus Blumen stehen, durch die Straßen und entlang des Sees.

Info

Ufficio Informazioni Turistica
Corso Zanitello 6/8][28922 Verbania
Tel. 03 23 50 32 49
www.verbania-turismo.it

Hotels

■ **Majestic**
Via Vittorio Veneto 32
28922 Verbania][Tel. 03 23 50 97 11
www.grandhotel majestic.it
Das traumhaft direkt am See gelegene Belle-Époque-Hotel der Luxusklasse mit schönem Garten zählte einst zu den besten Herbergen Europas. Gourmetrestaurant, Wellnesscenter. ●●●

■ **Centro Pastorale San Francesco**
Via alle Fabbriche 8][28922 Pallanza
Tel. 03 23 51 95 68
www.centropastoralesanfrancesco.
com
Einfache Unterkunft in einem ehem. Kloster. Jugendliches Publikum. ●

Restaurants

■ **Osteria dell'Angolo**
Piazza Garibaldi Giuseppe 35
28922 Verbania][Tel. 03 23 55 63 62
Regionale Küche in schlichter, netter Atmosphare. Nur abends geöffnet, Mo geschl. ●●

■ **Trattoria Le Volte**
Via San Vittore 149
28921 Verbania][Tel. 03 23 40 40 51
Neben Piemonteser Küche kann man hier auch Gerichte anderer Regionen probieren. Mi geschl. ●●

■ Osteria del Castello
Piazza Castello 9][**28921 Verbania**
Tel. 03 23 51 65 79
Vor allem bei jungen Leuten beliebtes
Lokal. Ab 17 Uhr gibt es hier guten
Käse zum Wein, im Sommer an Stein-
tischen unter freiem Himmel.
So geschl. ●

Shopping

La Casera di Eros Buratti
Piazza Ranzoni 19
28921 Verbania-Intra
www.formaggidieros.it

La Casera führt ein großes Sortiment
an regionalen Spezialitäten wie luftge-
trocknetem Schinken *(bresaola)* aus
dem Val Formazza und Ziegenkäse aus
dem Val d'Ossola.

Monte Rosso 🔢

Zwischen dem Unterlauf des San-
Bernardino-Bachs und Pallanza
erhebt sich hinter Verbania der
bewaldete Rücken des Monte
Rosso (693 m), ein schöner Aussichtspunkt über den Borromäi-

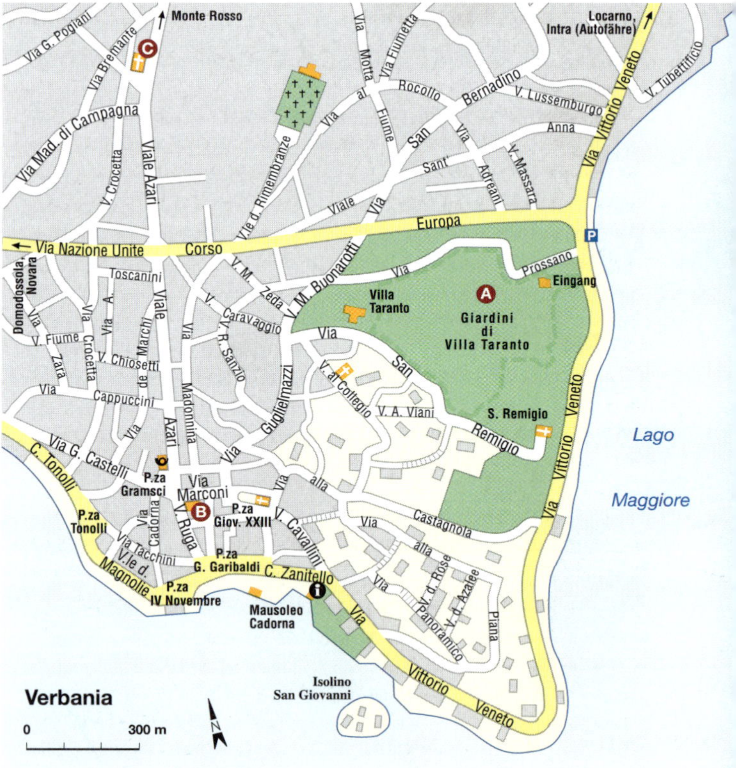

Ⓐ Gärten der Villa Taranto **Ⓑ** Museo del Paesaggio **Ⓒ** Madonna di Campagna

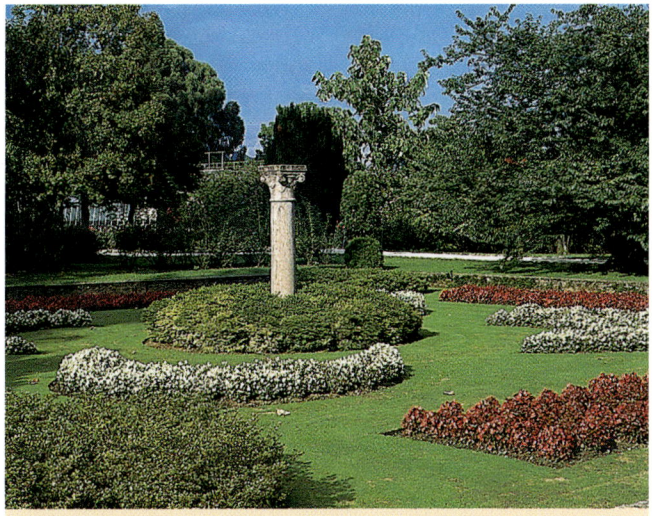

Blühende Oase – Die **Gärten der Villa Taranto

Ein Blütenmeer von unvergleichlicher Vielfalt und Pracht ergießt sich in den Gärten der Villa Taranto in Pallanza. Der weitläufig angelegte Park, der sich mit 16 ha an den Nordhängen des Promontorio della Castagnola erstreckt, umfasst eine der reichsten Sammlungen exotischer Gewächse in ganz Italien. Berühmt sind die großartigen Buchenbestände, die mit ihren weit ausladenden Ästen den sonnenempfindlichen Pflanzen Schatten spenden. Mehr als 500 verschiedene Rhododendronarten blühen hier im Mai, dazu rund 80 000 Tulpen, Magnolien; 300 verschiedene Dahlienarten zeigen ihre Farbenpracht im September, Lotusblumen, Kamelien, Azaleenmeere sowie viele tropische Gewächse, von denen einige einmalig in Europa sind, lassen den Betrachter von einem Begeisterungstaumel in den anderen fallen. Blumengesäumte Wasserbecken, hoch aufschießende Springbrunnen und plätschernde Kaskaden machen aus dem Park ein blühendes Paradies. Auf der Höhe der Blütenhänge erhebt sich unerwartet klein die dazugehörige Villa, ein neonormannischer Bau vom Ende des 19. Jhs. (nicht zu besichtigen). Zu dieser Zeit wurde auch der Park angelegt, der 1931 von dem Schotten Neil Boyd Watson McEacharn (1884–1964) in einen botanischen Garten umgewandelt wurde. 1938, lange Zeit vor seinem Tod – McEacharn ist in dem Mausoleum im Park beigesetzt –, vermachte der schottische Edelmann die ganze blühende Herrlichkeit dem italienischen Staat mit der Auflage, sein botanisches Werk zu vervollkommnen. Die Gärten sind von Ende März bis September täglich von 8.30 bis 18.30 Uhr und im Oktober von 8.30 bis 17 Uhr geöffnet (Tel. 03 23 55 66 67, www.villataranto.it).

schen Golf mit Fernsicht bis zum Monte Rosa. Ein Sträßchen (4,8 km, 33 Kehren) windet sich vom Viale G. A. Azari bis fast zum Gipfel hinauf (zu Fuß etwa 2 Std.; für Mountainbiker geeignet).

Borromäische Bucht

Von Verbania um die Borromäische Bucht herum nach Stresa und weiter bis zum Abfluss des Ticino aus dem See erstreckt sich die berühmte »Riviera« des Lago Maggiore, subtropisch-üppig die Vegetation, überstrahlt von einer südlichen Sonne, die das Alltagsgrau rasch vergessen lässt. Die Riviera hält für ihre Gäste nicht nur gepflegte Hotels, Straßencafés und viel Unterhaltung bereit, sondern unterstreicht auch gern, dass sie das kunst- und kulturreichere Ufer des Lago Maggiore ist. Und schließlich zählt sie nicht ganz ohne Stolz ihre bedeutenden Besucher auf, darunter Iwan Turgenjew, Königin Victoria und Richard Wagner.

Mehr an Alltag erinnert dagegen das Verkehrsgewühl auf der Uferstraße, und wer im Hochsommer die Borromäischen Inseln besucht, der muss sich auf Touristenmassen gefasst machen. Sehr viel reizvoller und ruhiger ist es im Frühjahr oder Spätherbst, wenn bei klarer Sicht der Horizont bis zu den Firngipfeln der Schweizer Alpen reicht. Dann entfaltet der See seine ganze unvergleichliche Schönheit.

Die Fahrt von Verbania um die Borromäische Bucht bietet immer wieder reizvolle Ausblicke auf den See, der hier, an seiner breitesten Stelle, fast wie ein Meer wirkt. Nicht zu übersehen sind die Steinbrüche, die man in die bewaldeten Berghänge geschlagen hat. Der rosafarbene Granit, der bis heute gebrochen wird, fand u.a. als Baumaterial für die Basilika San Paolo in Rom und die Galleria Vittorio Emanuele II in Mailand Verwendung.

Restaurant

Auf dem Weg von Verbania Richtung Baveno lohnt ein Abstecher nach Suna zur **Osteria Boccon di Vino**. Giovanni Gasseria bietet authentische piemontesische Küche. (**Via Troubetzkoj 86, 28925 Verbania, Tel. 03 23 50 40 39, Di geschl.,** ●)

Lago di Mergozzo 🔢

Der kleine See war bis zum Mittelalter Teil des Borromäischen Golfes, bevor Geröllmassen des Toce ihn isolierten. Mit seinem kaum besiedelten Ufer gilt er als eines der saubersten Badegewässer des Landes.

Camping

Camping Continental
Via 42 Martiri 156
28924 Fondotoce
Tel. 03 23 49 63 00
www.campingcontinental.com
Schöner Platz mit Sandstrand, Kanuverleih und großer Poolanlage. ●

Ducale, die Residenz der Herzöge von Savoyen am See. Die prachtvolle Inneneinrichtung ist teilweise erhalten und bildet heute das erlesene Ambiente einer Studienstiftung (Strada Sud Sempione, tgl. 9–12, 15–18 Uhr).

Die stattliche **Villa Pallavicino** umgibt ein 16 000 m² großer Garten. Der Hausherr hat ihn im 19. Jh. im Stil englischer Parks in eine romantisch inspirierte Landschaft verwandelt (Strada Sud Sempione, Außenbesichtigung März–Okt. 9–18 Uhr).

Heute gilt Stresa zwar immer noch das touristische Zentrum am Lago, macht jedoch eher den Eindruck einer in die Jahre gekommenen Grande Dame. Noch strahlen die Hotelpaläste etwas vom Flair der Belle Époque aus, als das Westufer des Lago Maggiore gekrönte Häupter, Geldadel und berühmte Künstler anzog. So schrieb Ernest Hemingway hier den Roman »In einem anderen Land«, der die dramatische Flucht aus dem Kriegsland Italien über den Lago Maggiore in die Schweiz schildert.

Zeitlos schön ist der Blick über den See vom Lungolago, der Uferpromenade. Im Blickfeld erscheinen die Isole Borromee und am gegenüber liegenden Ufer der Monte Tamaro (1962 m).

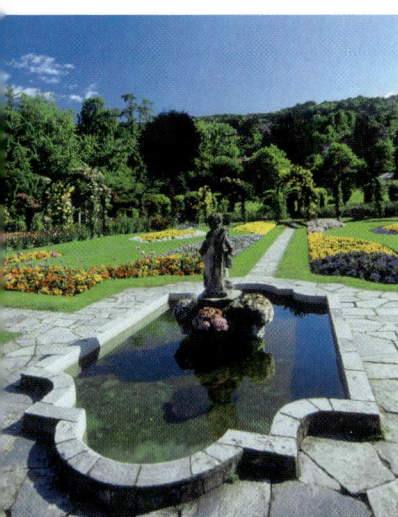
Gartenpracht der Villa Pallavicino

Restaurant

Piccolo Lago
Via Filippo Turati 87
28924 Verbania-Fondotoce
Tel. 03 23 58 67 92
www.piccololago.it
Mo/Di geschl. Modernes Restaurant am Lago di Mergozzo, in dem innovative Gourmet-Küche serviert wird. ●●●

*Stresa 16

Stresa stieg dank seiner Vorzugslage am Borromäischen Golf im 19. Jh. vom einfachen Fischerort zum Villenparadies und einem der vornehmsten Kurorte Italiens auf. Dicht drängen sich die Palazzi am Wasser und geben einen Eindruck von der Blütezeit, die Stresa im Gefolge des europäischen Hochadels erlebte.

Bereits in der zweiten Hälfte des 18. Jhs. entstand der **Palazzo**

Info

Ufficio Turistico Città di Stresa
Piazza Marconi 16
28838 Stresa
Tel. 0 32 33 01 50
Fax 0 32 33 25 61

Hotel

■ **Grand Hotel Des Iles Borromées**

Corso Umberto I 67][**28838 Stresa**
Tel. 03 23 93 89 38
www.borromees.it

Elegantes Luxushotel mit viel Grandezza in einem schönem Park direkt an der Seestraße. Zwei Swimmingpools, Tennisplätze, eigener Bootsanleger, Wellnesscenter. ●●●

■ **Hotel Residence La Luna Nel Porto**

Corso Italia 60][**28838 Stresa**
Tel. 03 23 93 44 66
www.lalunanelporto.it

Modernes Hotel in perfekter Lage. Die geräumigen Studios und Appartements mit separatem Wohnraum und Kitchenette sind auch **ideal für Familien** geeignet. ●●

Restaurants

■ **Piemontese**

Via Mazzini 25][**28838 Stresa**
Tel. 0 32 33 02 35
www.ristorantepiemontese.com

Beste piemontesische Küche. Zu empfehlen ist die Muskatellerschaumcreme, die auf der Zunge zerschmilzt.
●●●

■ **Gigi Bar Pasticceria**

Corso Italia 30][**28838 Stresa**

Hier bekommt man die feinsten Margheritine, erlesenes Buttergebäck, eine Spezialität aus Stresa.

Golfplatz

Golfclub Des Iles Borromées

28833 Brovello-Carpugnino
Tel. 03 23 92 92 85
www.golfdesilesborromees.it
Mo geschl.

18-Loch-Platz 3 km südlich von Stresa mit anspruchsvollem Kurs und einzigartigem Panoramablick.

Ausflug zum *Monte Mottarone 17

Stresa hat mit dem Monte Mottarone (1491 m) auch ein attraktives Hinterland. Das Bergland zwischen Lago Maggiore und Ortasee ist ein lohnendes Wanderrevier. Und sollte es einmal regnen, wartet im 8 km von Stresa entfernten **Gignese** gleich am Ortseingang das ***Schirmmuseum** (*Museo dell'Ombrello e del Parasole*) mit teils sehr originellen Exponaten auf Besucher (Via Golf Panorama 2, 28836 Gignese, Tel. 0 32 38 96 22, April–Sept. Di–So 10–12, 15–18 Uhr). Nördlich von Gignese bietet die Villensiedlung **Alpino** (768 m) nicht nur einen herrlichen Blick über die Borromäische Bucht; im zauberhaft gelegenen **Giardino Botanico Alpinia** kann man unzählige Alpenpflanzen studieren (Via Alpinia 22, April–Ende Okt. tgl. 9.30–18 Uhr). Dort bietet auch die große Seilschwebebahn einen Zwischenhalt auf ihrem Weg von Stresa zum Gipfel des ***Monte Mottarone**. Die berühmte Aussichtsterrasse ist alternativ über eine kurvenreiche und gut ausgebaute Mautstraße (21 km) zu erreichen. Im Winter sind im Gipfelbereich die Skifahrer unterwegs, im Sommer breschen Fahrradfreunde mit dem Downhill-Bike zur Talstation hinab (Fahrradverleih: Bicicò, Piazzale della Funivia (Talstation), 28838 Stresa, Tel. 03 31 32 43 00, www.bicico.it).

Borromäische Inseln 18

Die Isole Borromee gehören zu den beliebtesten Ausflugszielen am Lago. Für den Besuch der drei öffentlich zugänglichen Inseln sollte man sich mindestens einen halben Tag Zeit nehmen (www.borromeoturismo.it). Die vierte im Bunde, die Isola San Giovanni, befindet sich in Privatbesitz.

3 Isola Bella

Die Isola Bella galt bereits zur Barockzeit als so genanntes Weltwunder. Die Idee, dem felsigen Eiland die Form eines Schiffs zu geben, stammt vermutlich von Antonio Crivelli aus Ponte Tresa, der um 1620 im Auftrag von Carlo Borromeo III. und dessen Gattin Isabella d'Abba mit der Umgestaltung der damaligen Isola Inferiore zum »Gesamtkunstwerk« begann. An der Planung des Palastes war auch der berühmte Carlo Fontana beteiligt.

Der **Palazzo Borromeo** ist üppig ausgestattet; man kann u.a. den Napoleon-Saal (hier schlief der gebürtige Korse 1797), den Gobelin-Saal und den Luca-Giordano-Saal (mit drei Gemälden des großen Neapolitaners) besichtigen, ferner die sog. Grotten, sechs mit Marmorbüsten, archäologischen Fundstücken (u.a. neolithischer Einbaum, Artefakte der Golasecca-Kultur und römische Keramik) dekorierte Räume (Mitte März–Mitte Okt. tgl. 9–17.30 Uhr). Doch den weit stärkeren Eindruck hinterlässt der Park. Seine terrassenförmige Anlage ist ein Wunder barocker Gestaltungsfreude. Hier wird die Natur zum Gesamtkunstwerk: terrassierte Grünflächen, begrenzt von Blumenrabatten, Bäumen und Ziersträuchern, hier und da kleine Wasserspiele, die im Sommer Erfrischung versprechen, dazwischen stolzierende Pfauen, barocke Prachtarchitektur – die Welt auf der Isola Bella ist jeder profanen Wirklichkeit enthoben und stimmt auch heute noch heiter.

Isola dei Pescatori

Aufdringlich wird das »Geschäft mit der Schönheit« auf der benachbarten Fischerinsel, der Isola dei Pescatori, betrieben. Die Kulisse dieser Insel ist überaus malerisch, das Gedränge in den engen Gässchen entsprechend groß, die Preise in den zahlreichen Fischlokalen oft höher als die Qualität der angebotenen Speisen.

Restaurant

Del Pescatore
Vicolo del Poncivo 3
Tel. 0 32 33 19 86
Gutes, preisgünstiges Fischrestaurant. ●●

Isola Madre

Eine paradiesische Flora kann man auch auf der Isola Madre, der größten der vier Inseln, bewundern. Sie gehört dem Mailänder Grafengeschlecht der Borromeo. Zum grünen Paradies wurde sie erst im 19. Jh., als Graf Vitalino Borromeo sie nach Art englischer

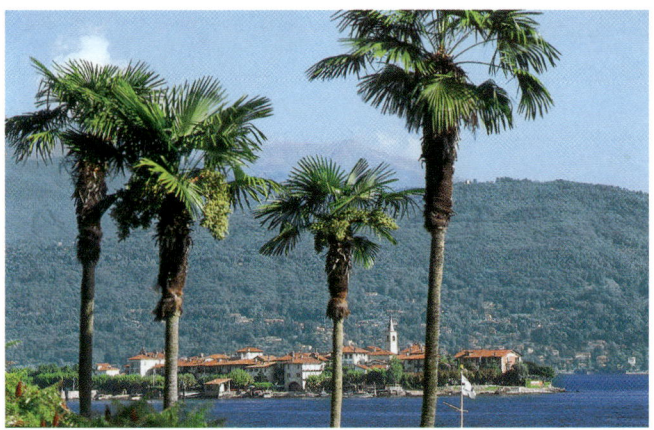

Malerisch liegt die Isola dei Pescatori, die Fischerinsel, im See

Gärten umgestalten ließ. Im **Palazzo Borromeo**, einem stilvollen Bau des 16. Jhs., fasziniert eine Sammlung historischer Puppen und Puppentheater der Gräfin Borromeo (Mitte März–Mitte Okt. tgl. 9 bis 17.30 Uhr).

Schiffsfahrten

Die Borromäischen Inseln erreicht man mit Schiffen und Tragflächenbooten von Stresa, Baveno und Verbania-Pallanza (keine Autos). Infos unter www.navigazionelaghi.it.

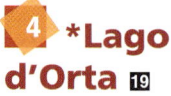

4 *Lago d'Orta 19

Ganz im Schatten des Lago Maggiore liegt der wesentlich kleinere, aber ruhigere **Ortasee** im Piemont. Der von den Römern *Lacus Cusius* genannte See liegt auf 290 m Höhe, ist gut 13 km lang, durchschnittlich 1,5 km breit und misst an seiner tiefsten Stelle

143 m. Ganz im Gegensatz zu der lieblichen Hügellandschaft, die ihn umgibt, ragen im Hinterland die markanten Bergketten der Valstrona und Val d'Ossola mit ihrem herb-alpinen Charakter steil auf.

*Orta San Giulio

Romantisch eingebettet in die Landschaft ist das Städtchen mit seinem vorgelagerten Inselchen San Giulio. Man parkt oberhalb des Ortes und steigt dann durch eines der engen, steilen Gässchen hinab zum See. Dort liegt die Piazza Motta, das von morbiden mittelalterlichen Bauten umrahmte Zentrum von Orta San Giulio. Prachtstück der Piazza Motta ist der **Palazzo del Comune**, ein Renaissancebau von 1582 mit offenen Arkaden im Erdgeschoss, Außentreppe und zierlichem Glockenturm. Von der Piazza Motta aus führt ein schöner Weg am See entlang um die Halbinsel.

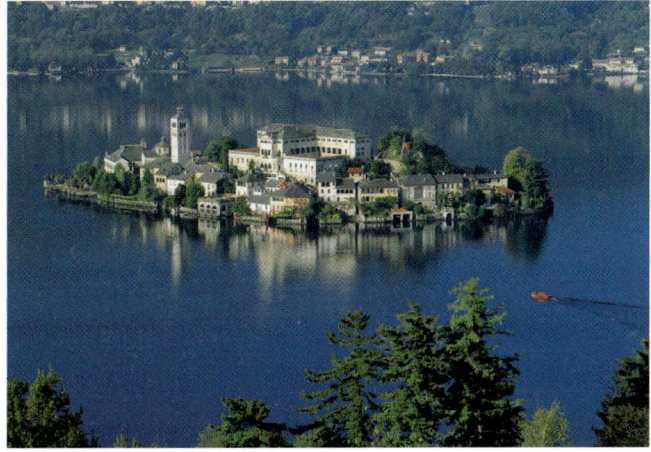

Schmuckstück im Lago d'Orta: Die Isola di San Giulio

Info

Ufficio Informazione Turistica
Via Panoramica 1
28016 Orta San Giulio
Tel. 03 22 90 56 14
Fax 03 22 90 58 00

Hotels

■ **Villa Crespi**
Via G. Fava 18
28016 Orta San Giulio
Tel. 03 22 91 19 02
www.hotel villacrespi.it
Die 1879 erbaute Villa im maurischen Stil hat nur 6 Zimmer und 8 Suiten. Sie sind mit elegantem Interieur und modernem Komfort ausgestattet. Das

 Gourmet-Restaurant ist mehrfach ausgezeichnet. ●●●

■ **Aracoeli**
Piazza Motta 34
28016 Orta San Giulio
Tel. 03 22 90 51 73
www.orta.net/aracoeli
Kleines Designer-Hotel in der Ortsmitte, dessen Zimmer sehr unterschiedlich

gestaltet sind und Namen literarischer Werke tragen. ●●

Restaurant

Ristoro Olina
Via Olina 40][28016 Orta San Giulio
Tel. 03 22 90 56 56
Traditionelle Küche mit hausgemachten Spezialitäten. Mi geschl. ●●

*Isola di San Giulio

Das gerade 3 ha große Eiland im See wird dominiert vom ehemaligen Bischofspalast und dem Campanile der ***Basilica di San Giulio**. Das bestehende Gotteshaus ist im Wesentlichen ein Bau der Romanik, im Inneren überrascht dann den Besucher ein Stilgemisch verschiedener Epochen. Die vorzüglich erhaltene romanitsche Kanzel aus schwarzem Marmor (um 1140) ist das kostbarste Kunstwerk der Kirche. Die Fresken stammen aus der Zeit zwischen dem 14. und 16. Jh.

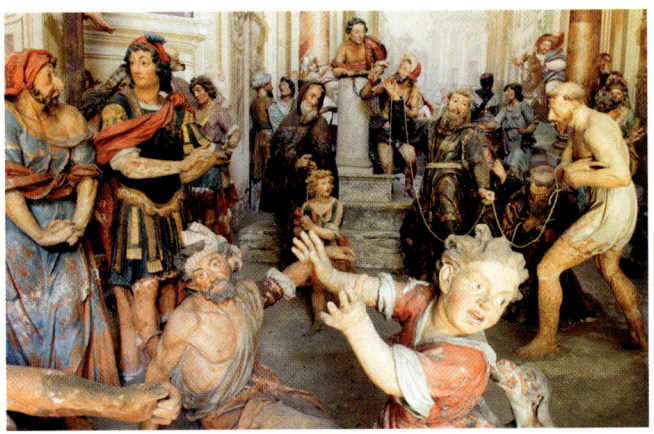

Ausdrucksvolle Terrakottafiguren auf dem Sacro Monte

Restaurant

San Giulio

Via Basilica 4][**Tel. 0 32 29 02 34**
Hier diniert man im Speisesaal aus
dem 18. Jh. oder auf der Terrasse mit
Blick über den See. Abends privater
Fährservice. ●●

Schiffsfahrten

Fährverkehr von Orta San Giulio, in
den Sommermonaten ca. alle 30 Min.
per Linienboot (12.25–14 Uhr Mittagspause).

***Sacro Monte

Dem Heiligen Franz von Assisi ist
die UNESCO-Weltkulturerbestät-
te Sacro Monte von Orta geweiht.
Nach dem Vorbild in Varallo (Val
Sesia, 27 km von Omegna) wurde
dieser »heilige Berg« als Bastion
gegen die Reformation angelegt.
Wie in Varese ❯ S. 82 sind auch
hier die Kapellen ausgemalt und
mit Terrakottafiguren ausgestattet. Die insgesamt 20 Kapellen
(1591–1788) thematisieren auf
volkstümliche Weise Szenen aus
dem Leben des hl. Franz und den
Leidensweg Christi. Entworfen
wurden die meisten Kapellen vom
Kapuzinermönch Cleto. Vom Sacro Monte hat man einen herrlichen Ausblick auf das Westufer
des Ortasees (Via Sacro Monte 6,
tägl. 9–16.30, Sommer bis
18.30 Uhr, Eintritt frei, www.sac-
romonteorta.it).

Vacciago di Ameno

Wer sich für moderne Kunst inte-
ressiert, der wird einen Abstecher
einplanen und in Vacciago di
Ameno die **Fondazione Calderara** besuchen. Sie präsentiert 56
Werke des Malers Antonio Calderara (1903–1978) sowie 271 Arbeiten von befreundeten Zeitge-
nossen des Künstlers aus aller
Welt (28010 Vacciago di Ameno,
Tel. 03 22 99 81 92, Mitte Mai bis
Mitte Okt. Di–So 10–12, 15 bis
18 Uhr, Eintritt frei, www.fondazi
onecalderara.it).

Omegna

Die größte Stadt am Lago d´Orta gilt als Mekka moderner Schnäppchenjäger. Aus der Metall verarbeitenden Industrie des 19. Jhs. ging die Produktion legendärer Haushaltsgeräte hervor. Besuchen Sie zuerst das **Forum Omegna** und bewundern dort alte Kaffeemühlen und Espressokochern (Parco Maulini 1, 28887 Omegna, Vb, Tel. 03 23 86 61 41, www.forumomegna.org, Di–Sa 9–12.30, 14.30 bis 18 Uhr, So 14.30–18 Uhr, Eintritt frei). **Anschließend kann man sich dem Fabrikverkauf widmen.**

Echt gut!

Von Omegna lohnt ein kurzer Abstecher zum Dorf **Quarna Sotto**. Dort werden traditionell Blasinstrumente gefertigt, was sich im lokalen Museo Etnografico e dello Strumento Musicale a Fiato dokumentiert (www.museoquarna.it).

Shopping

■ **Alessi-Shop**
Via Privata Alessi 6
28887 Crusinallo di Omegna
Tel. 03 23 86 86][11 www.alessi.com
Stark reduzierte Designer-Stücke für Tisch, Küche, Bad, Wohnzimmer, Bar und Büro.

■ **Piazza**
Via IV Novembre 242
28887 Omegna][Tel. 03 23 64 35 95
www.piazza.it
Edelstahlgeschirr.

■ **Lagostini**
Centro Commerciale Parco Laghi
28887 Gravellona Toce
Tel. 03 23 86 50 58
www.lagostina.it
Edelstahlgeschirr, 6 km nördl. Omegna.

Arona [20]

Arona (14 450 Einw.) ist uralter Kulturboden. Bedeutende prähistorische Funde, u.a. aus der so genannten Golasecca-Kultur, deren Anfänge ins 12. Jh. v.Chr. datiert werden, belegen eine weit zurückreichende Siedlungsgeschichte. Exponate von der Bronzezeit bis zur Renaissance aus Arona und Umgebung präsentiert das **Museo Civico Archeologico** beim Rathaus (Piazza San Graziano 36, 28041 Arona, Tel. 0 32 24 82 94, Di 10–12, Sa/So 15.30–18.30 sowie Do 9–12 nach Voranmeldung, www.archeomueo.it).

Wohl seit dem 10. Jh. dürfte der Burgfelsen über der Stadt befestigt gewesen sein. Im ausgehenden Mittelalter wurde die Anlage ausgebaut, doch Napoleon ließ die »uneinnehmbare Feste, umgeben von fünf Mauerringen« schließlich schleifen.

Für Kunstfreunde lohnen auch die Kirchen einen Besuch: Die Pfarrkirche **Santa Maria Nascente** (15./17. Jh.) im unteren Stadtteil wurde im 19. Jh. umgestaltet. **Santi Martiri** an der Piazza San Graziano vereinigt im Kern romanische Bauformen, in der Fassade gibt sie sich barock und im Innenraum klassizistisch (Madonna von Bergognone, 15. Jh.). Die **Madonna di Piazza** an der Piazza del Popolo wird Pellegrino Tibaldi (1592) zugeschrieben.

Sehenswert ist die **Villa Ponti**, die heute als Kunstgalerie dient (Via San Carlo 63, 28041 Arona, Tel. 0 32 24 46 29, tgl. 10 bis 12,

14.30–19 Uhr). Der flämische Händler Bartolomeo Pertossi gab die Villa Ende des 18. Jhs. in Auftrag. Später lebte dort der Assistent des amerikanischen Erfinders und Geschäftsmanns Thomas Edison, Giangiacomo Ponti, dessen Familie die Villa im neoklassizistischen Stil umbauen ließ.

Restaurierten Gräbern aus Bronze- und Eisenzeit, einer reichen Vogelwelt und Vollblutpferden begegnet man im **Naturpark Lagoni di Mercurago,** südlich von Arona. Der ausgewiesene Rundgang beginnt bei der Parkverwaltung in Mercurago (Apr. bis Sept. 6–22, sonst 7–19 Uhr).

Auf einer Anhöhe über dem Ort thront die riesige **Kolossalstatue** des berühmten Sohnes der Stadt, **San Carlo Borromeo,** gleichsam als dessen Wahrzeichen. Innen führen eine Wendeltreppe und eine steile lange Leiter bis in den Kopf, durch dessen Augen man über den See bis ins Varesotto blickt. In der benachbarten Kirche zeigt eine kleine Ausstellung zeitgenössische Zeugnisse (Eintritt frei).

cht gut!

Info

Ufficio Turistico
Via San Carlo 2][28041 Arona
Tel. 03 22 24 36 01
www.comune.arona.no.it

Restaurant

■ **Enoteca Il Grappolo**
Via Pertossi 7
28041 Arona
Tel. 0 32 24 77 35
www.ilgrappoloarona.it

Ab 16 Uhr gibt es in dieser Enoteca mit Ausschank einen köstlichen Imbiss mit piemontesischen Wurst- und Käsespezialitäten, dazu eine hervorragende Weinauswahl und hausgemachte *dolci.* Di geschl.

■ **Campagna**
Via Vergante 12][28041 Arona
Ortsteil Campagna
Tel. 0 32 25 72 94
In einem alten Haus im Grünen, ganz in der Nähe der Kolossalstatue, serviert Familie Zanetta eine Mischung aus traditionellen und kreativen Gerichten. Dazu zählen – je nach Jahreszeit – Vorspeisen nach Art des Hauses (mit Leberterrine und delikatem Culatello-Schinken aus Zibello), Tapulon d'Asino (Eselsbraten), Taglioni mit Entenragout, Kaninchenrollbraten und Renken in Zitronensauce. Mo abends und Di geschl. ●●

Sesto Calende 21

Das Sextum Calendarum der Römer wird als Industrieort meist durchfahren. Die Gegend war bereits in prähistorischer Zeit besiedelt, wovon man sich im **Archäologischen Stadtmuseum** (*Civico Museo Archeologico*) überzeugen kann (Piazza Mazzini 1, Tel. 03 31-92 24 89). Stolz der Sammlung sind Fundstücke der Golasecca-Kultur. Auf das frühe 12. Jh. geht die Kirche **San Donato** an der Straße nach Angera zurück. Die Vorhalle, einige Kapitelle und Teile der Krypta sind romanisch, die Fresken in der Nordapsis stammen aus der Spätgotik, im Chor aus der Mitte des 18. Jhs.

Mit dem ***Parco Lombardo della Valle del Ticino** hat eine grüne Oase überlebt. Der Ticino, der hier den Lago Maggiore verlässt, bildet in seinem weiteren Verlauf ein intaktes Biotop, Refugium für bedrohte Tierarten und diverse Arten von Orchideen. Am besten lässt sich der Park mit dem Fahrrad erkunden (Infos: Parkverwaltung, Tel. 03 31 66 29 11, www.parcoticino.it).

Angera 22

Das lebhafte Städtchen liegt in der Bucht gegenüber von Arona. Hauptsehenswürdigkeit ist die Feste ***Rocca di Angera**, deren markante Silhouette den Hügel hinter dem Ort krönt (Mitte März–Mitte Okt. 9–17.30 Uhr). Unter den teilweise kostbar ausgemalten Räumen ist die gotische Sala della Giustizia hervorzuheben, deren ***Wandmalereien** (1314) den Sieg der Visconti über die Torriani feiern. Die Sala delle

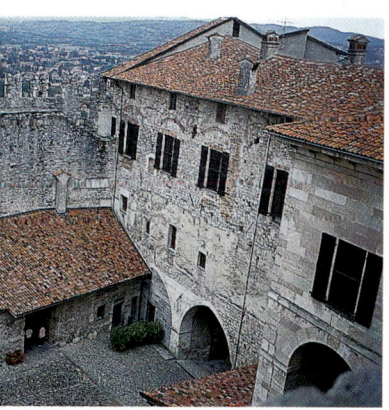

Die Festung von Angera

Cerimonie ist mit Fresken aus dem Mailänder Palazzo Borromeo ausgeschmückt, die Ende des 15. Jhs. hierher kamen. Vom Turm bieten sich neben einer weiten Aussicht, u.a. auf den Sacro Monte bei Varese und die Insel Partegora, auch stimmungsvolle Einblicke in den Burghof und auf den zinnenbekrönten Mauerring.

Nicht nur Kinder begeistern sich für das **Puppenmuseum in der Burg**. Zur ursprünglichen Sammlung der Prinzessin Bona Borromeo kamen später Schenkungen hinzu wie eine Sammlung japanischer Puppen der Edo-Periode. So wuchs der Bestand auf mehr als 1000 Ausstellungsstücke aus drei Jahrhunderten an, das Museum zählt heute zu den besten seiner Art in Europa. Besonders beeindruckend sind die Puppenautomaten, deren Funktion in einem Film vorgeführt wird. **Echt gut**

Die Burg steht auf uraltem Kulturboden. In der nahe gelegenen Höhle **Antro di Mitra** stieß man auf steinzeitliche Reste und Spuren des Mithraskultes (1./2. Jh.), eines östlichen Mysterienkultes um den persischen Lichtgott Mithras.

Im kleinen **Archäologischen Museum** von Angera sind die prähistorischen und römischen Funde aus der Region ausgestellt. Die Sammlung ist in einem Palast im historischen Zentrum untergebracht, der ins späte 14. Jh. datiert (Via Marconi 2, 21021 Angera, Tel. 03 31 93 19 15 oder 93 11 33, Mo, Di, Do nachmittags, Mo, Sa vormittags, Eintritt frei).

Camping

Citta di Angera

Via **Bruschera 99**][**21021 Angera**

Tel. 03 31 93 07 36

www.campingcittadiangera.it

Kinderfreundlicher Platz mit Strand, Pools und Animationsprogramm.

Restaurant

Ristorante La Vecchia Angera

Via **F. Borromeo 14**][**21021 Angera**

Tel. 03 31 93 02 24

www.hotelpavone.it

Das Restaurant im Hotel Pavone bietet eine gepflegte, authentische Regionalküche, zu der in dieser Gegend natürlich Fisch gehört. ● ●

Ranco ②③

Am Rand des kleinen Ortes Ranco dokumentiert das Museo Ogliari (Museo Europeo dei Transporti) 200 Jahre Transportwesen. Dicht gedrängt stehen hier Pferdekutschen neben Omnibussen, Motorrädern und Automobilen. Selbst Dampflokomotiven, Zahnradbahnen, Straßen- und U-Bahnen sowie Seilbahnkabinen sind zu bestaunen, alles in mühevoller Arbeit vom Wissenschaftler Prof. Francesco Ogliari gesammelt. (Via Alberto 99, 21020 Ranco, Tel. 03 31-97 51 98, Apr.–Sept.10–12 und 15–18 Uhr, Okt.–März 14 bis 16 Uhr, Mo geschl., www.museo-ogliari.it, Eintritt frei.)

Brebbia ②④

Der kleine Ort bietet neben der sehenswerten romanischen Kirche San Pietro e Paolo (Ende

12. Jh.) eine Sammlung der besonderen Art: Im Pfeifenmuseum (Museo della Pipa) der Firma Brebbia sind mehr als 30 000 Pfeifen aus verschiedenen Materialien, Epochen und allen Teilen der Welt ausgestellt. Darunter finden sich Kalumet-Pfeifen der nordamerikanischen Indianer und die ersten französischen und englischen Holzpfeifen, Pfeifen aus Gips und Terracotta sowie Meerschaum- und Porzellanpfeifen. Unter die Rubrik Kurioses fallen hingegen Pfeifen für Motorradfahrer, solche mit Teleskopmundstücken und Modelle mit zwei Köpfen. Raucher werden sich auch für die aktuelle Produktion an Pfeifenköpfen aus Bruyère, dem harten, schön gemaserten Wurzelholz der Baumheide interessieren (Via Piave 21, 21020 Brebbia, April–Okt. auf Anfrage, Tel. 03 32-74 33 34, www.brebbiapipe.it).

**Santa Caterina del Sasso ②⑤

Beim kleinen Ort **Reno** signalisieren Hinweistafeln an der Ostuferstraße die kunsthistorisch bedeutende Wallfahrtsstätte Santa Caterina del Sasso, ursprünglich Einsiedelei, später Pilgerziel. Die mehrfach umgebaute und erweiterte alte Katharinenkirche (13. bis 17. Jh.) besaß eine wertvolle spätgotische Ausmalung; der kleine Kreuzgang des Klosters war mit Totentanzfresken geschmückt. Die spärlichen Reste wurden res-

Laveno, dessen Gemeindegebiet auch die Ortsteile Mombello und Cerro umfasst, ist stark von der Industrie geprägt. Auf eine lange Tradition kann dabei die Keramikindustrie zurückblicken. Das **Museo Internazionale Design Ceramico Civica Raccolta di Terraglia** dokumentiert die Entwicklung des 1856 eingeführten Handwerks (Via Lungolago Perabò 5, 21014 Laveno Mombello, Tel. 03 32-66 65 30, Di–Do 14.30–17.30, Fr–So 10–12 und 14.30–17.30 Uhr, Juli/Aug. jeweils 15.30–18.30 Uhr).

Der **Sasso del Ferro** (1062 m) ist von Laveno aus bequem mit einer Seilbahn (Mo–Sa 11–17, So 10–17.30 Uhr, www.funiviedellagomaggiore.it) erreichbar. Von der Bergstation am Poggio Santa Elsa (974 m) ist es zu Fuß nur noch ein kleiner Spaziergang zum höchsten Punkt (20 Min.). Von dort eröffnet sich ein weites Panorama auf die Alpen, aus denen der schneebedeckte Monte Rosa (4634 m) herausragt. Ein markierter Weg führt über die **Sella delle Casere** (749 m) hinab nach Laveno, eine lohnende Talwanderung von eineinhalb Stunden.

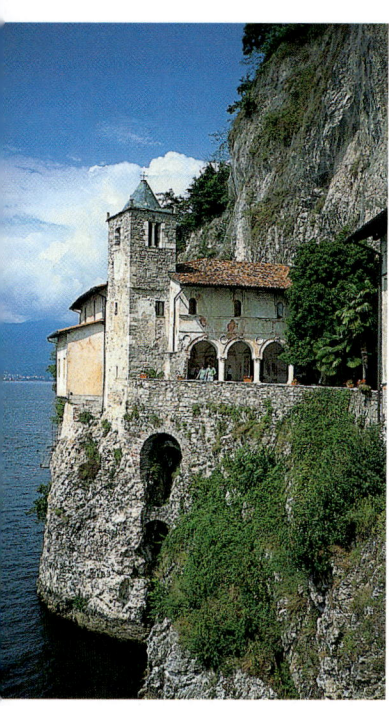

Kirche Santa Caterina del Sasso

tauriert (Via S. Caterina 5, 21038 Leggiuno, Tel. 03 32 64 71 72, Apr.–Okt. tägl., Nov.–Feb. nur Sa, So, Fei, 8.30–12, 14.30–18 Uhr, 23. Dez.–6. Jan und März tägl. 9–12, 14–17 Uhr, www.provincia.va.it/santacaterina).

Laveno

Von dem an einer kleinen Bucht direkt am Seeufer gelegenen Ort bietet sich ein schöner Blick auf den Borromäischen Golf und über das Tal des Toce (Ossola) bis zu den Viertausendern der Mischabel-Gruppe in den Walliser Alpen.

Echt gut

Hotel/Restaurant

Il Porticciolo
Via Fortino 40
21014 Laveno-Mombello
Tel. 03 32-66 72 57
www.ilporticciolo.com
Einen Schritt vom See entfernt speist und wohnt man hier in einem schmucken kleinen Hotel mit nur 10 Zimmern – unbedingt reservieren! ●●

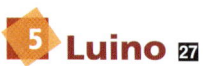Luino 27

Das lebhafte Industriestädtchen (16 000 Einw.) und wirtschaftliche Zentrum des lombardischen Seeufers, von den Römern unter dem Namen Luvinum gegründet, gilt als Geburtsort des Renaissancemalers Bernardino Luini (um 1480 bis 1532). Wer hier aber sein Hauptwerk sucht, der wird enttäuscht werden. Lediglich die kleine Kirche **San Pietro in Campagna** bewahrt ein Luini zugeschriebene Fresko. Von den Umbauten des 17./18. Jhs. blieb nur der romanische Glockenturm verschont. Luinis Schüler statteten dagegen um 1640 die Kirche **Madonna del Carmine** (15. Jh.) mit Kapellenfresken aus.

Im **Museo Civico** sind neben einer kleinen Gemäldegalerie archäologische Funde der Umgebung sowie Mineralien und Fossilien zu sehen (Viale Dante 6, 21016 Luino, Mi 8–12, 14.30 bis 18 Uhr nach Voranmeldung, Tel. 03 32-53 20 57, Eintritt frei).

Ehrenbürger ist seit 1997 Dario Fo. Der Theaterregisseur und Nobelpreisträger verbrachte seine Jugendjahre in Luino und lebte auch nach der Hochzeit mit der umstrittenen Schauspielerin, Autorin und heutigen Senatorin Franca Rame noch einige Zeit in Luino.

Hauptattraktion von Luino ist der große ***Wochenmarkt** mit seiner Riesenauswahl, der jeden Mittwoch zwischen der Uferpromenade und der Piazza Garibaldi stattfindet. Er lockt jede Woche so viele Menschen an, dass es regelmäßig ein Verkehrschaos gibt.

Hotel

Camin
Viale Dante 35][**21016 Luino**
Tel. 03 32 53 01 18
www.caminhotelluino.com
13 elegante Zimmer in einer liebevoll restaurierten Belle-Époque-Villa, umgeben von einem schönen Park. ●●●

Restaurants

■ **Pasticceria Rota**
Via XV Agosto 26][**21016 Luino**
Die Patisserien bei Rota sind einfach verführerisch! Wem nicht nach kleinen mit Vanillecreme oder Kaffeecreme gefüllten Kuchen oder Obsttörtchen ist, der kann an der Bar zu einem Prosecco die Pizza kosten. Einfach, aber lecker! ●

Echt gut!

■ **Ristorante del Pesce**
Via del Porto 16][**21016 Luino**
Tel. 03 32-53 23 79
Panini und Salate. Viel junges Publikum am Abend, Szenetreff. ●

Agra 28

Agra ist ein beliebter Ferienort in hübscher Lage über dem Eingang in das herb-wilde **Val Veddasca**, dessen umgebende Gipfelflur lohnende Wanderziele bietet, so etwa den 1620 m hohen ***Monte Lema** auf der Grenze zum Tessin (bei Malcantone). Markierte Wege führen von den Orten Dumenza (411 m) und von Curiglia (670 m) zum Gipfel. Wer kurvenreiche Bergsträßchen nicht scheut, der kann auch bis zum Rifugio Campiglio auf 1184 m Höhe hinauf

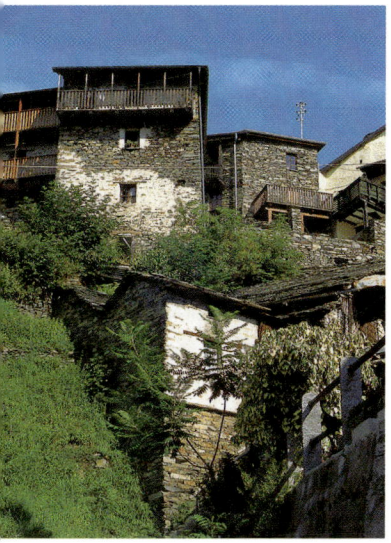

Indemini: beliebtes Ausflugsziel

fahren. Ab dort hat man zum Monte Lema nur noch eineinhalb Stunden zu gehen.

Restaurant

Il Camoscio
Via Da Vinci 9][Curiglia
Tel. 03 32-57 33 66
Tief im Val Veddasca liegt das urige Restaurant. Neben hausgemachten Wurstspezialitäten und Gnocchetti isst man hier vor allem Wildgerichte wie Hirschsteak mit Steinpilzen und Wildschwein mit Polenta. Produkte aus der lokalen Käserei schließen den Magen. Mi geschl.

Maccagno 29

An der Mündung des Veddasca-Tals liegt der Ferienort Maccagno. Das Städtchen war jahrhundertelang reichsunmittelbar. Damit

verbundene Privilegien sollen auf Otto I. zurückgehen, der 962 auf seinem zweiten Italienfeldzug bei dem Grafen Mandelli in Maccagno Gastfreundschaft genoss. Erst 1718 bereiteten die Borromäer diesem Sonderstatus ein Ende. Architektonischer Blickfang ist heute das **Civico Museo Parisi Valle**, ein Museum für zeitgenössische Kunst. 1998 fertiggestellt, spannt es sich als avantgardistisches Bauwerk über den Fluss Giona, der den Ort in zwei Teile gliedert. Die Sammlung geht zurück auf die Idee eines dezentralen Kulturzentrums, in dem der dort geborene Künstler Giuseppe Vittorio Parisi heute seine Sammlung von gut 2000 Grafiken, zwei- und dreidimensionale Arbeiten zur Schau stellt, darunter eigene Werke und jene der italienischen Kunst des 20. Jhs. (Via Leopoldo Giampaolo 1, 21010 Maccagno, Tel. 03 32-56 12 02, www.museo parisivalle.it, Fr–So 10–12 und 15–18 Uhr (Juni–Sept. Do–So 10–12 und 15–19 Uhr.).

*Indemini 30

In der Schweiz, nicht weit von der italienischen Grenze entfernt, liegt das heute entvölkerte Bergnest (939 m, 60 Einw.) mit seinen eng zusammenstehenden Häusern. Es ist ein beliebtes Ausflugsziel. Dass im Zuge der Entvölkerung der südlichen Alpentäler eine erhaltenswerte Kultur verschwindet, macht die pittoreske Kulisse, die Indemini abgibt, leicht vergessen. Etwas außerhalb

steht die 1505 urkundlich er-
wähnte, im 19. Jh. umgebaute
Pfarrkirche San Bartolomeo.

Bergstraße nach Vira

Folgt man der Straße Richtung
Vira, gelangt man über ein Kur-
venkarussell mit grandiosen Aus-
blicken zur Passhöhe **Alpe di
Neggia** (1395 m), einem hervor-
ragenden Wandergebiet. Umfas-
send ist das Panorama vom Monte
Gambarogno (1734 m), der von
von der Passhöhe aus direkt
(1 Std.) oder im Rahmen eines
Rundweges (zurück über die Kapelle Sant´Anna, 10 km, 4 Std)
bestiegen werden kann. Auch der
Monte Tamaro (1962 m), einer
der schönsten Aussichtsgipfel des
Tessin, ist auf markierten Wanderwegen erreichbar (1 ¾ Std.).
Auf dem Gipfel baute der Schweizer Star-Architekt Mario Botta die
Kirche **Santa Maria degli Angeli**,
einen strengen, festungsartigen
Bau, der sich mit seinen vielen
Rundungen und Treppen effektvoll in die schroffe Bergwelt ein-
fügt. Aus schweren Bruchsteinen
hat Botta auch eine Art Prozessi-
onsweg zusammengefügt, eine
Mischung aus Brücke, Burg und
Belvedere.

Vira 31

Der kleine Ort ist ältestes Sied-
lungszentrum der Region. Die im
6./7. Jh. gegründete Pfarrkirche
San Pietro steht auf einer Terrasse unmittelbar am Ufer. Ihre heutige Gestalt erhielt sie erst zu Anfang des 19. Jhs. Aus dem 16. Jh.
ist noch ein schöner Renaissance-
Taufstein erhalten. Vira eignet
sich wie die übrigen Gemeinden
des Gambarogno gut für einen
längeren Ferienaufenthalt. Vor allem von den höher gelegenen
Dörfern genießt man einen wunderbaren Ausblick auf das obere
Lago-Maggiore-Becken.

Hotel

Albergo Sass da Grüm
6575 San Nazzaro
Tel. 0 91-7 85 21 71
www.sassdagruem.ch
Das Albergo Sass da Grüm in San Nazzaro westlich von Vira ist ein nach
baubiologischen Prinzipien er-
richtetes Hotel, das nur zu Fuß zu
erreichen ist. Vom Parkplatz oberhalb
läuft man ca. 15 Min. zum Hotel, das
Gepäck kommt mit der Materialseil-
bahn. Ruhe und Entspannung sind hier
garantiert. ●●

Restaurants

■ **Ristorante Rodolfo**
Via Cantonale
6574 Vira-Gambarogno
Tel. 0 91-7 95 15 82
So abends und Mo geschl.
Sehr feine und kreative saisonale
Küche, serviert in einem ehemaligen
Kloster. ●●–●●●

■ **Ristorante Tempelina**
6575 San Nazzaro
Casenzano][Tel. 0 91-7 94 12 50
Do–So 16.30–23.30 Uhr
Gute Tessiner Küche mit frischen, regi-
onalen Zutaten, im Sommer herrliche
Aussichtsterrasse. ●●

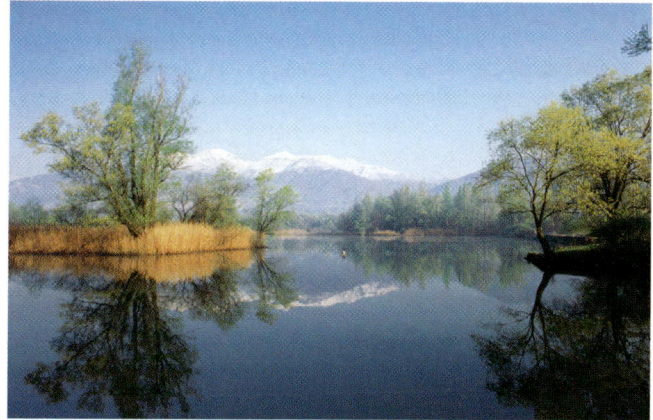

Im Naturschutzgebiet Bolle di Magadino

Gambarogno 32

Nördlich der Siedlung, zwischen Piazzogna und Vairano, finden Blumenfreunde einen prachtvollen botanischer Garten. Hier hat der Gärtner Otto Eisenhut auf über 17 000 m² 450 Sorten Magnolien, 950 Kamelien und rund 400 Sorten Azaleen, dazu Rhododendren und exotische Nadelbäume angepflanzt. Vor allem **zur Zeit der Magnolien- und Kamelienblüte (März/April) zeigt sich ein wahres Blütenmeer** (Fondazione Parco Botanico del Gambarogno, Vairano-San Nazzaro, Tel. 0 91-7 95 18 66, www.parcobotanico.ch).

Magadino 33

Die Stadt liegt am oberen Ende des Lago Maggiore, unweit der Mündung des Ticino. Wahrzeichen des Ortes, der im Mittelalter als Hafen und Warenumschlag-

platz bedeutend war, ist die weithin sichtbare **Pfarrkirche**, ein spätklassizistischer Zentralbau (1847). Die Kirche bewahrt mehrere bedeutende Kunstwerke, darunter zwei Gemälde, die Bernardino Luini zugeschrieben werden (um 1512).

Oberhalb der Ticino- und Verzasca-Mündung erstrecken sich die ***Bolle di Magadino**, ein Stückchen unberührter Natur. Mit seinen Schilfgürteln, Altwassern, Teichen, Sümpfen und Auwäldern bildet dieses Naturschutzgebiet ein einzigartiges Biotop, das einer reichen Flora und Fauna mit seltenen Vogelarten als Lebensraum dient. Eine kurze Wanderung (1 Std., 5 km) führt durch den Auwald an der Mündung des Ticino. Sie wird zu einem besonderen Erlebnis für alle, die neben einem Fernglas (oder Spektiv) etwas Zeit, Geduld und ein Vogelbestimmungsbuch mitbringen.

Varesotto

Varese 34

Die lebhafte Provinzhauptstadt (83 000 Einw.), Ende des Mittelalters noch ein gänzlich unbedeutendes Nest, ist nicht unbedingt eine Stadt zum Urlaubmachen, aber durchaus typisch für das moderne Norditalien: in den letzten Jahrzehnten stark und teilweise recht ungezügelt gewachsen mit viel Industrie. Die Universitätsstadt besitzt aber auch viele schöne alten Villen sowie gepflegte Parks.

San Vittore A

Einen markanten Akzent im Stadtbild setzt der prächtige Barock-Campanile der Basilika San Vittore mit seiner stattlichen Höhe von 77 Metern. Nach Plänen des viel beschäftigten Mailänder Dombaumeisters Pellegrino Tibaldi errichtete der Baumeister Giuseppe Bernascone von 1580 bis 1615 eine schlichte Basilika im Renaissancestil, die 1788 jedoch eine kühl-klassizistische Fassade bekam.

Der Innenraum San Vittores ist mit Fresken lombardischer Meister ausgeschmückt. Gleich neben der Kirche hat sich das ***Baptisterium**, ein romanischer Bau mit quadratischem Schiff und eingezogener Apsis, erhalten. Der Bau wurde um 1185 auf einem Vorgängerbau des 8./9. Jhs. errichtet. Der Innenraum bewahrt Freskenfragmente des 13./14. Jhs. sowie einen unvollendeten Taufstein aus dem 13. Jh.

San Vittore markiert das historische Zentrum der Stadt. Beim Bummel durch die alten Gässchen, die teilweise Lauben *(portici)* besitzen, kann man so manchen malerischen Winkel entdecken. Im Kontrast dazu steht die **Piazza Monte Grappa**, deren Bauwerke aus der Zeit zwischen 1927 und 1935 unverkennbar den Stempel faschistischer Architektur tragen.

*Palazzo Estense B

Die Via Sacco führt nordwestlich der Piazza Monte Grappa zum Palazzo Estense, vom Italien des Duce direkt ins Österreich des 18. Jhs.: Palast und Park des heutigen Rathauses sind nach dem Vorbild des Wiener Schlosses Schönbrunn gestaltet. Nicht zufällig, denn der Bauherr, Francesco III d'Este, war kaiserlicher Statthalter der (damals österreichischen) Lombardei und gleichzeitig Herzog von Modena. Hier ist 1766 bis 1773 allerdings nur ein »Mini-Schönbrunn« entstanden. Für eine repräsentativere Anlage fehlte wohl der Platz, vor allem aber das Geld.

Museo Civico Archeologico C

Durch den schön angelegten Park mit Aussicht gelangt man rasch zur Villa Mirabello, in der das Archäologische Museum untergebracht ist. Zu besichtigen sind dort in der prähistorischen Abteilung römische und vorgeschichtliche Funde, die u.a. vom Lago di Varese stammen, eine naturkund-

liche Sammlung und eine Gemäldegalerie (Piazza della Motta 4, 21100 Varese, Tel. 03 32-2 55 54 85, Juni–Okt. Di–So 10 bis 12.30, 14–18, Nov.–Mai 9.30–12.30, 14–17.30 Uhr).

Biumo Superiore

Varese ist von sieben Hügeln umgeben, die zwar nicht so bekannt sind wie die sieben Hügel von Rom, aber dank ihres angenehmen Klimas Aristokraten und reiche Mailänder zum Bau prunkvoller Villen animierten: Die ****Villa Panza** (bedeutendes Museum für zeitgenössische Kunst, › S. 87 und die **Villa Ponti** (ein historistischer Prachtbau, 19. Jh., heute Kongresszentrum mit Park) liegen beide auf dem Hügel von Biumo Superiore.

Campo dei Fiori

Der **Campo dei Fiori** (1226 m), ein lang gestreckter, größtenteils bewaldeter Höhenrücken, ist der Hausberg von Varese. Eine 11 km lange Straße führt auf ihn hinauf bis zum ehemaligen **Grand Hotel** (1033 m), einem Jugendstilbau, der von einem großzügigen Park umgeben ist.

***Sacro Monte

Die Hauptsehenswürdigkeit von Varese liegt an den bewaldeten Hängen des Monte Campo dei Fiori (880 m), nur wenige Kilometer nördlich der Stadt: der Heilige Berg, ein viel besuchter Marienwallfahrtsort. Er gehört wie seine acht weiteren Pendants in Norditalien, darunter der in Orta San Giulia › S. 73, zum UNESCO-Weltkulturerbe (www.sacrimonti.net, http://whc.unesco.org/en/list/1068). Das Pilgern zum Heiligen Berg war zu den Zeiten, als das Volk noch größtenteils aus Analphabeten bestand, eine Art visueller Bibellehre zur Weiterbildung. Die in den Kapellen dargestellten Szenen galten als Bibel der Armen, des einfachen Volks, derjenigen also, die nicht lesen konnten, aber Augen hatten, um zu sehen und zu verstehen. Unter den Heiligen Bergen Norditaliens ist der von Varese einzigartig in seiner architektonischen Ausdruckskraft und in seiner formellen Vollständigkeit.

Bie den vierzehn zwischen 1604 und 1680 im barocken Stil errichteten Kapellen handelt es sich nicht um einfache Bauten in tra-

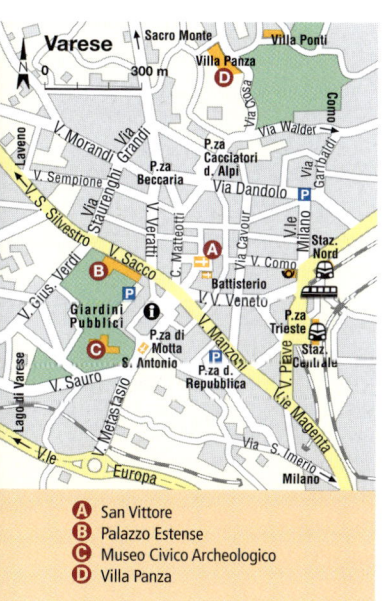

Varese

N
0   300 m

Sacro Monte
Villa Panza
Villa Ponti

V. Morandi
Via Grandi
V. Sempione
V. S. Silvestro
Via Staurenghi
Via Veratti
V. Giùs. Verdi
V. Sacco
C. Matteoti
P.za Beccaria
P.za Cacciatori d. Alpi
Via Dandolo
Via Waldet
Via Como
Via Garibaldi
Staz. Nord
V. V. Como
Battisterio
V. V. Veneto
P.za Trieste
Staz. Centrale
Via Magenta
Giardini Pubblici
V. Marzoni
P.za di Motta
S. Antonio
P.za d. Repubblica
V. Sauro
Lago di Varese
V.le Melasi Fasiò
Via S. Imerio
V.le Europa
Milano

A San Vittore
B Palazzo Estense
C Museo Civico Archeologico
D Villa Panza

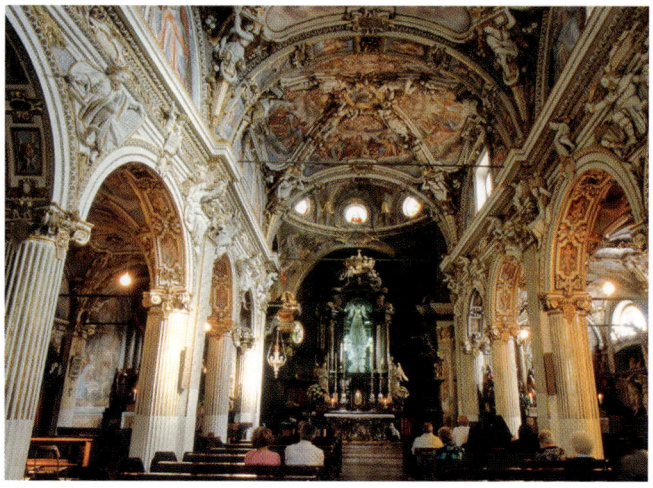

Wallfahrtskirche Santa Maria del Monte

ditioneller Weise, sondern um einzelne Tempel mit verschiedenen Grundrissen, deren Vorhallen von Kuppeln überdacht sind und das Licht durch die Laternen einlassen. Thema des etwa 2 km langen Wegs ist das Rosenkranzgebet, das in den fünfzehn Mysterien in den Kapellen und in der Kirche dargestellt ist.

Der Aufstieg von der Prima Cappella (585 m), vorbei an der Bergstation der Standseilbahn (www.avtvarese.it), bis zur Kirche Santa Maria del Monte bietet unvergessliche Eindrücke: Kunst und Landschaft sind in größter Harmonie vereint. Dies ist auch der Architektur des aus Varese stammenden Baumeisters Giuseppe Bernascone, auch Mancino genannt, zu verdanken, der Anfang des 17. Jhs. die runden, vier- und achteckigen Kapellen entlang des Weges schuf.

Unweit der letzten Kapelle stößt man auf die **Villa Pogliaghi**. Sie ist umgeben von einem schönen Park und dient heute als Museum mit Kunstwerken aus zwei Jahrtausenden (Do, Sa 10–12.30, 15–17.30, So 10–12.30, www. lodovicopogliaghi.it).

Die Kirche **Santa Maria del Monte**, Mittelpunkt des 8 km von Varese entfernten Wallfahrtsortes, vereinigt Stilelemente von der Romanik bis zum Barock. Auffallend ist der wuchtige Campanile (www. sacromonte.it).

Angeschlossen an den Wallfahrtsort ist das **Museo Baroffio**. Es zeigt neben archäologischen Funden, alten Handschriften und Goldschmiedearbeiten auch Gemälde lombardischer Meister des 17./18. Jhs. (Piazetta Monastero, Tel. 03 32-21 20 42, Do, Sa und So 9.30–12.30, 15–18.30 Uhr, www. museobaroffio.it).

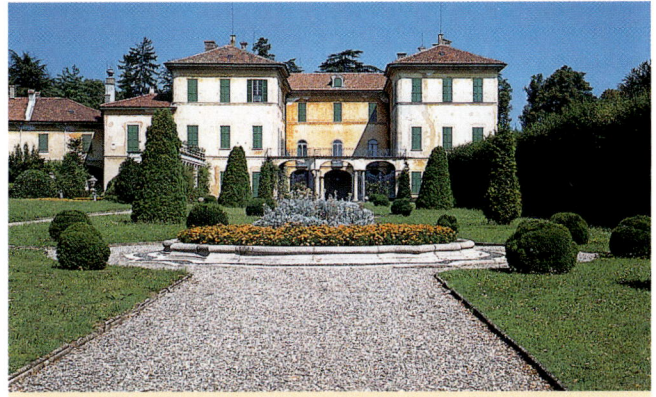

6 (Raum-)Kunst in der ****Villa Panza**

Martin Puryear, Robert Irwin, Dan Flavin und James Turrell: bedeutende zeitgenössische amerikanische Künstler, deren Werke man wohl nur
in den kühnsten Träumen in Varese erwartet hätte – wenn der Graf Panza di
Biumo nicht wäre. Er gehört sowohl zu den bedeutendsten als auch zu den
geschäftstüchtigsten Sammlern der Gegenwartskunst. Sein Interesse gilt vor
allem der nordamerikanischen Kunst. Ca. 2500 Arbeiten bereichern seine
Kollektion, die vielleicht wichtigste Europas, deren Exponate jedoch in der
ganzen Welt verteilt sind (u.a. Lugano, Madrid, USA). In der Villa Panza sind
rund 160 Kunstwerke zu sehen. In den 1970er-Jahren reisten die bekanntesten Künstler aus Übersee an, um ihre Installationen hier auf dem Hügel oberhalb von Varese aufzubauen: Sol LeWitt, Richard Serra, George Segal und
Donald Judd haben in der Villa Panza gearbeitet. Leider sind ihre Werke jedoch zum Teil nicht mehr zu sehen. Die Sammlung eröffnet dem Besucher
ein neues Erlebnis des Sehens: etwa wenn Dan Flavins Neoninstallationen
ein rosarotes Schattenspiel an den Wänden des lang gestreckten Flurs der
Villa inszenieren oder einen ganzen Raum in Rot tauchen; oder wenn Robert
Irwin einen langen, weißen Gang durch ein transparentes, ebenfalls weißes
Tuch unterteilt. Was zunächst wie eine massive Wand erscheint, wird zunehmend durchscheinender, ja fast nicht mehr existent und zeigt die Relativität
unseres Sehens. Licht ist das große Thema der Künstler in der Villa Panza –
ihre Reverenz an den Ort. Kaum ein zweites Mal konnten die Künstler so frei
Räume gestalten. Und wo kommen die monochromen Arbeiten von Phil Sims
und David Simpson besser zur Geltung als im Kontrast zur altehrwürdigen
Pracht der Säle, zu den prunkvollen Möbel und den Deckenfresken?

Die Villa Panza kann man Di–So von 10–18 Uhr besichtigen (21100 Varese,
Piazza Litta 1, 21100 Varese, Tel. 03 32 28 39 60, www.fondoambiente.it/
beni/villa-e-collezione-panza.asp).

Info

**Ufficio Informazioni e
di Accoglienza Turistica**
Via C. Carobbio 2
21100 Varese
Tel. 03 32-28 36 04
www.vareselandoftourism.it

Hotels

■ **Palace Grand Hotel**
Via L. Manara 11
21100 Varese
Tel. 03 32-32 71 00
www.palacevarese.it
Vier-Sterne-Hotel, in dem man zentral
und angenehm wohnen kann. ●●●

■ **Chateau Porro Pirelli**
Via E. Tabacchi 20
21056 Induno Olona
Tel. 03 32-84 05 40
www.boscolohotels.com
Sehenswerte historische Villa mit einzigartigem, exotischem Décor, inspiriert von den Reisen Gian Pietros, einem Spross der Porro-Familie. ●●●

Restaurants

■ **Il Gestore**
Viale Aguggiari Padre
Gian Battista 48
21100 Varese
Tel. 03 32-83 09 60
www.ristoranteilgestore.it
Feinschmeckerrestaurant in der Nähe
der Villa Panza. In der von einem Park
umgebenen Villa des 19. Jhs. wird in
stilvollem Ambiente traditionelle italienische Küche geboten. ●●●

■ **Vecchia Trattoria della Pesa**
Via Cattaneo 14
21100 Varese
Tel. 03 32-28 70 70
Stilvolle, traditionelle Osteria mit fan-
tasievoller lombardischer Küche. ●●

■ **Fabbrica Pizza**
Via G. Ferrari 5
21100 Varese
Tel. 03 32-23 29 39
 www.fabbricapizza.com
In der Fabbrica Pizza wird in minima-
listischem Ambiente nicht nur hauch-
dünne Pizza serviert. ●

Lago di Varese

Der 8,5 km lange und bis 4 km
breite See ist recht seicht: Seine
maximale Tiefe beträgt 26 Meter.
Entsprechend sumpfig sind seine
Ufer, was ihm eine Verbauung er-
spart hat. Gleichwohl gibt es viele
Villen mit schönen Parks; in den
Hügeln wird Wein angebaut.
Kunstliebhaber entdecken rund
um See in **Voltorre** neben der
Pfarrkirche San Michele einen ro-
manischen Kreuzgang (um 1200)
und die Kirche Santa Maria della
Neve in **Travedona** (am Lago di
Monate).

Südwestlich des Lago di Varese
liegen zwei weitere, kleinere Seen:
der **Lago di Comabbio** (243 m)
und der **Lago di Monate** (266 m).
Ein dritter, der **Lago di Biandronno**, ist fast ganz verlandet.

Sowohl am Lago di Varese als
auch am Lago di Monate wurden
Reste von Pfahlbausiedlungen
entdeckt. Einiges von dem reich-
haltigen Fundmaterial kann man
auf dem winzigen **Isolino Virginia** im Lago di Varese, das unweit
von Biandronno vor dem Westufer liegt, besichtigen. Hinüber
zur Insel geht es mit der Fähre
von Biandronno. Das **Museo
preistorico e area archeologica
dell'Isolino Virginia** ist von April

bis Oktober am Wochenende und an Feiertagen geöffnet, sonst nach Vereinbarung (Tel. 03 32-25 54 85). Weitere Funde von den Pfahlbausiedlungen sind in den Museen von Varese, Como und Mailand ausgestellt.

Val Cúvia

Über **Gemonio**, dessen am am Ortsausgang gelegene romanische Kirche San Pietro Fresken des 14.–16. Jhs. bewahrt, gelangt man ins Val Cúvia.

In **Casalzuigno 35** spiegelt die *Villa della Porta Bozzolo, die im Kern aus dem 16. Jh. stammt, mit ihrem kunstvoll angelegten Garten den Glanz vergangener Zeiten. Die Gebäude faszinieren besonders deshalb, weil man den Eindruck gewinnt, die Bewohner hätten ihr Zuhause eben erst verlassen (Viale Bozzolo, 21030 Casalzuigno, Tel. 03 32-62 41 36, Mi–So 10–18, Okt.–Mitte Dez und Feb. 10–17 Uhr, www.fondo ambiente.it/beni/villa-della-por ta-bozzolo.asp).

Hinter der Ortschaft Casalzuigno führt eine enge, kurvenreiche Straße hinauf nach **Arcumeggia 36** (570 m). In dem kleinen Ort haben namhafte zeitgenössische italienische Maler ab 1956 **die uralte Technik der Freskomalerei wiederbelebt**.

An den Fassaden der (heute teilweise unbewohnten) Häuser versuchten sich verschiedene Künstler wie etwa Remo Brindisi, Aligi Sassu, Gianfranco Usellini, Achille Funi, Sante Monachesi, Giuseppe Migneco, Giuseppe Montanari, Cristoforo de Amicis und andere als Giotto-Nachfolger – jedenfalls in technischer Hinsicht. Das originelle Ergebnis kann jeder besichtigen. Die Häuser des Ortes zieren mehr als 170 moderne Fresken.

In **Cuveglio** läuten die Glocken der Kirche San Lorenzo noch von einem schönen romanischen

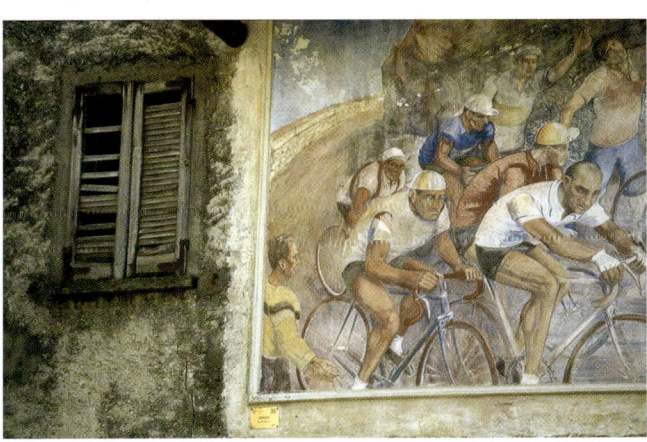

Alte Kunst der Freskenmalerei mit modernen Motiven in Arcumeggia

Turm herab. Wer im Ort dem Hinweis »San Martino« folgt und 4 km steil bergauf zur Bergkuppe (1087 m; Partisanendenkmal) hoch über dem Lago Maggiore fährt, der kann an klaren Tagen bis zu den firnbedeckten Drei- und Viertausendern der Schweizer Hochalpen blicken.

*Castelseprio 🔢

Das Ausgrabungsgelände östlich des Ortes (Zufahrt 1,5 km) dokumentiert vermutlich eine Gründung der keltischen Insubrer, die später zum befestigten langobardischen Ort Sibrium ausgebaut wurde. Die daraus im frühen Mittelalter entstandene mächtige Kommune wurde schließlich 1287 von den Visconti zerstört. Freigelegt wurden Reste einer Burg sowie zweier Kirchen und eines Baptisteriums (**Parco Archeologico di Castelseprio**, Via Castelvecchio 58, 21050 Castelseprio, Tel. 03 31-82 04 38, Di–Sa 8.30 bis 19.30, So 9.30–18.30 Uhr, Eintritt frei).

Etwas abseits steht die winzige Kirche **Santa Maria foris portas**, die vermutlich aus dem 7. Jh. stammt. Sie birgt in ihrer Apsis einen kostbaren, unvollständig erhaltenen **Freskenzyklus mit typischen Episoden der byzantinischen Ikonographie, der zu den Glanzstücken frühmittelalterlicher Kunst in Europa zählt.

*Castiglione Olona 🔢

Das kleine, eher unscheinbare Industriestädtchen im Tal der Olona wurde im 15. Jh. unter dem eben-

so reichen wie kunstsinnigen Kardinal Branda Castiglione (1350 bis 1443) zu einem »Mini-Florenz« mitten in der Lombardei umgestaltet. Die zahlreichen Renaissance-Palazzi zeigen jedoch nur noch einen Abglanz der einstigen Pracht.

Große Ähnlichkeit mit den Bauten Brunelleschis in Florenz zeigt die **Chiesa di Villa** (1422 bis 1443), ein Zentralbau mit schönem Portal. In der Tradition der lombardischen Gotik steht dagegen die **Collegiata** (1425), zu der man über einen idyllischen Weg hinaufsteigt. Bevor Sie die Kirche betreten, werfen Sie einen Blick auf die Lünette über dem Portal: Die Figur, die zu Füßen Marias kniet, ist Kardinal Branda Castiglione. Dann können Sie sich den hervorragende Fresken im Innern widmen. Sehenswert sind auch die Wandmalereien im **Baptisterium** (Tel. 03 31-85 89 03). Die Kirchen sind von April bis September Di–So 10–13 und 15–18 uhr geöffnet. Von Oktober bis März sind die Öffnungszeiten Di–Sa 9.30–12.30 und 14.30–17.30 Uhr, So 10–13 und 15–18 Uhr. Jeden ersten Sonntag des Monats sind sie durchgehend geöffnet.

Luganer See

Nicht verpassen!

- Eine entspannte Kreuzfahrt auf dem See
- Den Blick von einem der Hausberge Luganos auf die Stadt und den See
- Die deftigen Spezialitäten in einem der typischen Grotti

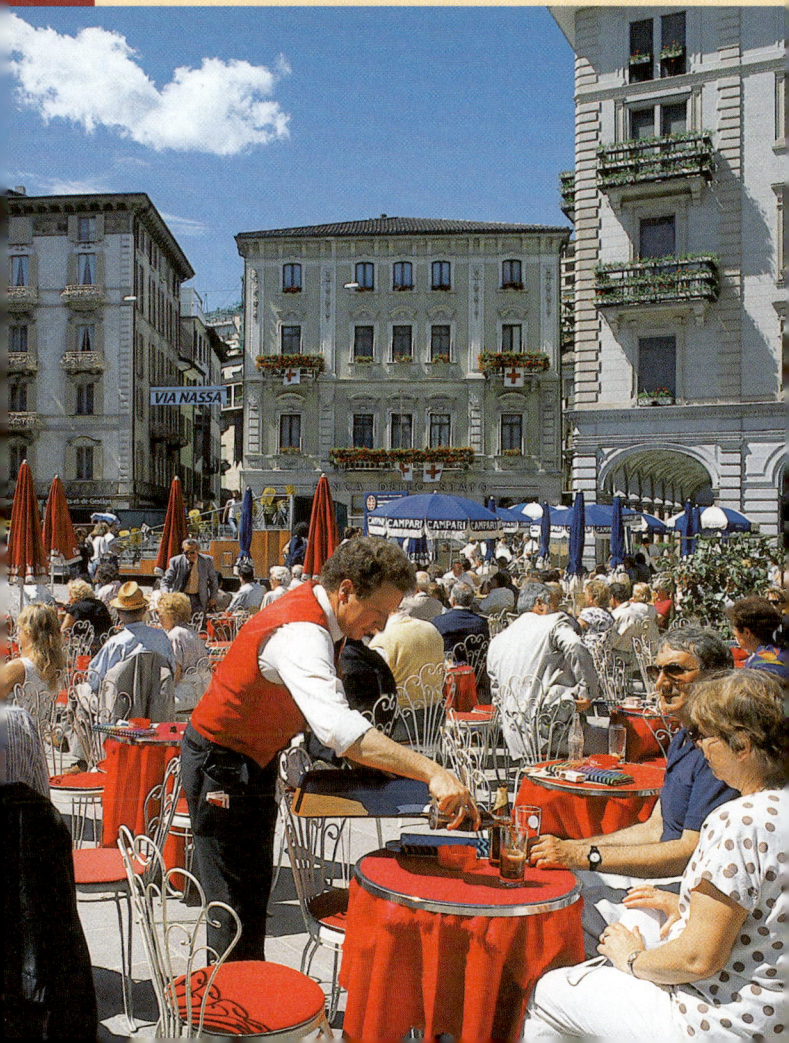

Zur Orientierung

Der Luganer See (oder Ceresio) ist mit einer Fläche von 48,9 km² der kleinste der drei großen Seen. Zu zwei Dritteln im Tessin gelegen, rücken die Bergrücken so nahe ans Ufer, dass kaum mehr Platz für Häuser oder Straßen bleibt. Dennoch ist das Gebiet um **Lugano** ein zersiedelter Ballungsraum, den die Gotthard-Autobahn als wichtigste Verkehrsachse durchschneidet.

Um die Stadt hat man die Natur gezähmt, und die »zuckerhutförmigen« Hausberge durch Seilbahnen und Gipfelrestaurants erschlossen. Schmucke Villen erstrecken sich entlang der Hänge, Symbol für das geschäftüchtige Lugano als bedeutendes Wirtschaftszentrum im südlichen Alpenraum und drittgrößtes Finanzzentrum der Schweiz.

Dies, das moderne Kongresszentrum und ein reges Kulturleben bringen weltstädtisches Ambiente an die Uferpromenade und in die autofreie, verwinkelte Altstadt mit ihren schicken Kaffeehäusern und ihrem mediterranem Lebensgefühl.

Hinzu kommt ein interessantes Umland: Gleich südlich der Stadt ragt die Halbinsel **Ceresio** in den See. In hübschen Orten wandelt man auf den Spuren Hermann Hesses und anderer Kunstschaffender, genießt das teilweise überlaufene Morcote in schönster Lage am See oder besucht das Familienausflugsziel Melide, wo in einem Freizeitpark die Schweiz in Miniaturausgabe zu sehen ist.

Beschaulich zeigt sich hingegen das westlich von Lugano liegende **Malcantone**, ebenfalls eine alte Kulturlandschaft. (Kultur-)Wanderer begeben sich hier auf historische Spurensuche, bevor sie – als technische Steigerung – die Berge um das **Val Colla**, nördlich von Lugano unter die Sohle nehmen. Dort finden Sie eine Fülle an Tages- und längeren Trekkingtouren. Allen Regionen gemeinsam sind die berühmten Grotti des Tessin, schattige Gastgärten unter Kastanien, in denen auf Steintischen deftige Landküche zu gutem Wein serviert wird.

Auf der Ostseite des Sees beginnt das **Mendrisiotto**, eine hügelige Moränenlandschaft. Es war einst nicht nur ein Kulturland mit Weinbau, sondern auch Geburtsort zahlreicher Baumeister, Architekten und anderer Künstler. Heute prägen im Gebiet von Balerna und Strabio Industrie und Verkehr das Bild, und die zersiedelte, mit Luftverschmutzung kämpfende »italienischste« Region der Schweiz erschließt sich dem Reisenden nur abseits der großen Verkehrsachsen: mit sehenswerten Kunstschätzen, charakteristischen Dörfern und Naturwundern.

Kaffeepause in Lugano

Touren in der Region

Kult(o)ur im Mendrisiotto

�8 **Lugano** 〉 **Riva San Vitale** 〉 **Mendrisio** 〉 **Genestrerio** 〉 **Ligornetto** 〉 **Rancate** 〉 **Campione** 〉 **Lugano**

Länge: Tagestour, 50 km
Praktische Hinweise: Die vorgeschlagene Route kann in dieser Form als Tagesausflug nur per Auto durchgeführt werden.

Fahren Sie morgens rechtzeitig los, um Zeit für die zahlreichen Kunstwerke des Mendrisiotto im Rahmen einer Tagestour zu haben. Erster Halt ist **Riva San Vitale** 〉 S. 105, wo mit der Kirche Santa Croce einer der schönsten Sakralbauten der Schweiz steht und mit dem Baptisterium San Giovanni der älteste Kirchenbau der Schweiz. Auf dem Weg nach Mendrisio steht im freien Feld das Kirchlein San Martino. Der Bummel durch **Mendrisio** 〉 S. 106 zeigt Ihnen sehenswerte Palazzi und die Kunstsammlung von San Giovanni. Dann ist es Zeit für ein Mittagessen im **Grotto Vallera**

〉 S. 108 in Genestrerio. In direkter Nachbarschaft befinden sich das Museo Vela (**Ligornetto** 〉 S. 108) und die Pinacoteca Züst (**Rancate** 〉 S. 108). Wenn noch Zeit bleibt, lohnt sich noch ein Abstecher nach **Campione d´Italia** 〉 S. 103 zum Santuario della Madonna dei Ghirli mit anschließendem Abendessen in Campione.

Rundfahrt um die Halbinsel Ceresio

⊙9 **Lugano** 〉 **Gentilino** 〉 **Montagnola** 〉 **Vico Morcote** 〉 **Morcote** 〉 **Melide** 〉 **Lugano**

Länge: Tagestour, 35 km
Praktische Hinweise: Die vorgeschlagene Route kann in dieser Form als Tagesausflug nur per Auto durchgeführt werden.

Verlassen Sie Lugano Richtung Südwesten und besuchen Sie morgens den Friedhof von **Gentilino** 〉 S. 101 mit dem Grab des Schriftstellers und Nobelpreisträgers Herrmann Hesse, dessen Leben Sie sich anschließend im kleinen Museum seines letzten Wohnortes **Montagnola** 〉 S. 100 widmen. Im Anschluss folgen Sie dem Westufer der Halbinsel über Figi-

⊙8 **Kult(o)ur im Mendrisiotto** Lugano 〉 Riva San Vitale 〉 Mendrisio 〉 Genestrerio 〉 Ligornetto 〉 Rancate 〉 Campione 〉 Lugano

⊙9 **Rundfahrt um die Halbinsel Ceresio** Lugano 〉 Gentilino 〉 Montagnolo 〉 Vico Morcote 〉 Morcote 〉 Melide 〉 Lugano

⊙10 **Kreuzfahrt auf dem Luganer See** Lugano 〉 Melide 〉 Morcote 〉 Caslano 〉 Lugano

no nach **Morcote** › S. 101 zur spektakulär schön gelegenen Kirche Santa Maria del Sasso. Kurven Sie anschließend die kleine Straße hinauf nach Vico Morcote, wo auf einer Alm das **Ristorante Vicania** › S. 102 Idylle für eine Mittagspause bietet. Gestärkt spazieren Sie nun in Morcote durch den exotischen Parco Scherrer, bevor Sie auf dem Rückweg nach Lugano in **Melide** › S. 100 noch einen Blick in die Modellwelt von Swiss Miniature werfen.

Kreuzfahrt auf dem Luganer See

10 **Lugano › Melide › Morcote › Caslano › Lugano**

Länge: Tagestour
Praktische Hinweise: Reine Fahrtzeit 1 ½ Std., Bahnfahrt nach Lugano ½ Std. Sie benötigen Sie ein einfaches Ticket bis Caslano (www.lakelugano.ch).

Die erste Kreuzfahrt des Tages Richtung Ponte Tresa (Abfahrt

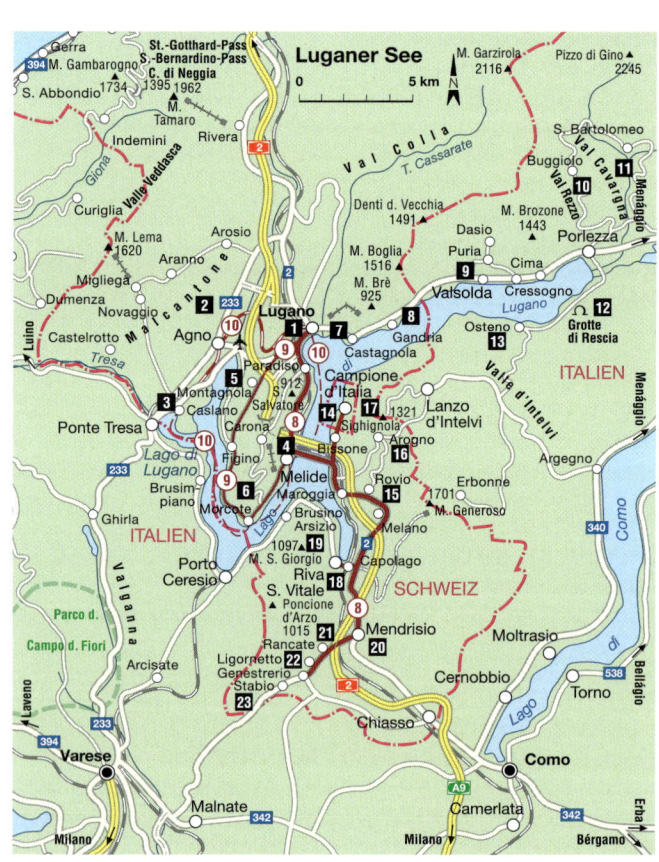

9.25 Uhr) bringt Sie – nach Zwischenhalt in Campione d´Italia – nach **Melide** › S. 100, wo Sie zwei Stunden Zeit haben, die Welt von Swiss Miniature zu erkunden. Das nächste Boot fährt Sie bis **Morcote** › S. 101. Für einen kleinen Rundgang durch den historischen Ort und zur schön gelegenen Kirche Santa Maria dell Sasso, den Besuch des Parco Scherrer und einen Imbiss sollten die knapp zweieinhalb Stunden Aufenthalt ausreichen, bevor das Schiff nach **Caslano** › S. 100 abfährt. Für ein Dessert im Schokoladenmuseum und einen Verdauungsspaziergang um die Halbinsel ist dann keine Eile geboten, denn zurück nach Lugano verkehrt der Zug in kurzen Abständen.

Wichtige Adressen

Lugano Turismo
Palazzo Civico
Riva Albertolli 5
6900 Lugano, Tel. 0 91-9 13 32 32
www.lugano–tourism.ch

Schiffsverkehr

Von Ende März bis Oktober verkehren von Lugano aus Schiffe Richtung Ponte Tresa, Campione d'Italia, Capolago und Porlezza. **Società Navigazione del Lago di Lugano,** Viale Castagnola 12, 6906 Lugano, Tel. 0 91-9 71 52 23, www.lakelugano.ch

Unterwegs am Luganer See

7 **Lugano**

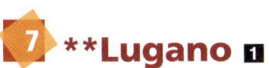

Banken, Delikatessengeschäfte, Straßencafés – in Luganos Innenstadt treffen sich Geld- und Geistesadel. Sehen und gesehen werden ist hier die Devise. Wenn es darum geht, wer die Schönste im ganzen Land ist, dann reiht sich Lugano immer unter die ersten Plätze ein. Die größte Tessiner Stadt (53 000 Einw.) schmiegt sich mit ihren Vororten Cassarate und Castagnola und der Nachbargemeinde Paradiso in die weite, halbkreisförmige Bucht des Luganer Sees. Die Schönheit dieser Landschaftskulisse und das milde, sonnige Klima, in dem eine subtropische Vegetation gedeiht, locken zahlreiche Urlauber. Die weltoffene, in ihrem Habitus sehr südliche Stadt ist auch kulturelles und wirtschaftliches Zentrum der Südschweiz. Das rasante Wachstum der letzten Jahrzehnte hat allerdings auch zu urbanen Fehlentwicklungen geführt, die einige Spuren im Stadtbild hinterließen.

Die Altstadt
Ausgangspunkt für einen Stadtrundgang ist die elegant angelegte **Piazza della Riforma** Ⓐ, die von

repräsentativen Bauten des 19. Jhs. eingerahmt ist. An der Südseite der Piazza erhebt sich das **Municipio**, das Rathaus, mit einem schönen Innenhof (1844/45) und auf der Seeseite schließen zwei weitere Plätze an: die **Piazza Rezzonico** und die **Piazza Manzoni**, auf denen jeweils ein Brunnen aus dem 19. Jh. plätschert. Südlich und östlich führen die berühmten **Uferpromenaden** hinaus nach Paradiso bzw. zum Stadtpark.

Landeinwärts erstreckt sich der alte, größtenteils vom Autoverkehr befreite Stadtkern. Hier hat sich noch einiges an historischer Bausubstanz erhalten. Gemächlich und **malerisch geht es in der Via Pessina mit ihren pittoresken Lauben zu**, wohingegen die südlich anschließende **Via Nassa** als mondäne Einkaufsstraße ihr ursprüngliches Ambiente eher eingebüßt hat.

Santa Maria degli Angioli Ⓑ

Die Via Nassa mündet auf die Piazza B. Luini. Sie trägt den Namen des Renaissance-Malers, der in der Kirche Santa Maria degli Angioli eines seiner schönsten Werke schuf. Der 1515 geweihte schlichte, aber feierliche Kirchenbau gehörte zu einem 1848 aufgelösten Franziskanerkloster. Sein Inneres schmückt ein großes Wandfresko von der »Kreuzigung Christi«, das Luini, der unter dem Einfluss Leonardo da Vincis stand, 1529 vollendete. Drei weitere Fresken – das »Abendmahl«, die »Beweinung Christi« und »Maria mit dem Jesus- und Johannesknaben« – kre-

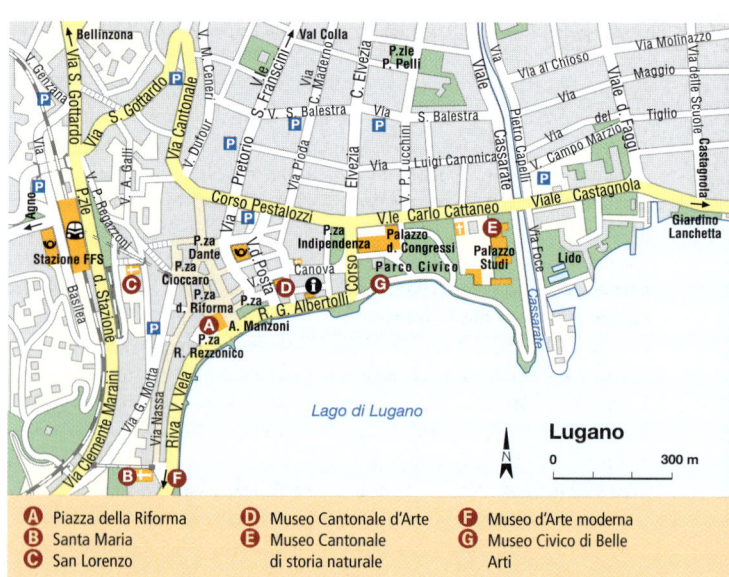

Ⓐ Piazza della Riforma
Ⓑ Santa Maria
Ⓒ San Lorenzo
Ⓓ Museo Cantonale d'Arte
Ⓔ Museo Cantonale
di storia naturale
Ⓕ Museo d'Arte moderna
Ⓖ Museo Civico di Belle
Arti

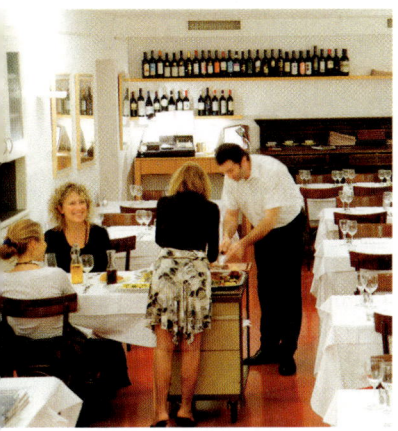

Osteria Canvetto Luganese

ierte der Maler ursprünglich für das Kloster.

*San Lorenzo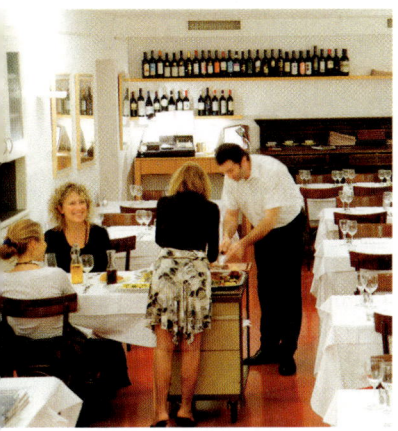

Über der Altstadt, auf einer Anhöhe mit schöner Sicht auf den See (Treppenweg), thront die Kathedrale San Lorenzo. Urkundlich als Pfarrkirche bereits 818 erwähnt, geht ihre Bausubstanz auf eine romanische Pfeilerbasilika zurück, die im im 17./18. Jh. Seitenkapellen und eine neue Innenausstattung erhielt. In klarer Formensprache präsentiert sich die kulissenartig vorgeblendete **Renaissancefassade** mit den drei Portalen, reichem Figurenschmuck und einem Radfenster. Sie ist eines der besten lombardischen Renaissancewerke im Tessin (1500–1517, Rosette 1578).

Die Museen

Krönender Abschluss eines Lugano–Besuches sind die Museen der Stadt. Das **Museo Cantonale**

d'Arte ⓓ im Palazzo Reale zeigt vor allem Werke von Tessiner Künstlern des 19. und 20. Jhs. zeigt (Via Canova 10, 6900 Lugano, Tel. 0 91-9 10 47 80, Di 14–17, Mi–So 10–17 Uhr; www.museo–cantonale–arte.ch).

Das **Museo Cantonale di storia naturale** ⓔ (Viale C. Cattaneo 4, Di–Sa 9–12, 14–17 Uhr, www.ti.ch/mcsn) dokumentiert in umfangreichen Sammlungen Flora und Fauna des Tessin.

Das **Museo d´Arte moderna della Città di Lugano** ⓕ befindet sich in der Villa Malpensata. Von den weiten und hellen Räumen der Villa reicht der Blick über die umgebenden Gartenanlagen bis hinab zum See. Im Gebäude selbst, das in der ersten Hälfte des 18. Jhs. entstand, finden regelmäßig bedeutende Ausstellungen ein interessiertes Publikum. In den vergangenen Jahren waren sie z.B. den Werken von Emil Nolde, Edvard Munch und Marc Chagall gewidmet. Gezeigt wird ausschliesslich Kunst des 20. Jhs. mit Schwerpunkt Expressionismus (Riva A. Caccia 5, 6900 Lugano, nur zu Ausstellungen geöffnet, Auskünfte Tel. 0 58/8 66 72 14, www.mdam.ch).

Das **Museo Civico di Belle Arti** ⓖ ist umgeben vom prächtigen Parco Civico. Darin steht an prominenter Stelle die neoklassizistische Villa Ciani mit ihrem markanten Lichthof auf dem Dach. Karl Konrad von Beroldingen, der Verwalter der Landvögte von Lugano, ließ den Palast im 17. Jh. bauen, bevor er 1839 in

den Besitz der Brüder Ciani (Politiker und Geschäftsleute) überging und von ihnen umgebaut wurde. Heute ist die Villa Ciani Besitz der Stadt und Ort von Sonderausstellungen (Di–So 9–12 und 14–18 Uhr, www.luganoinscena.ch, Tel. 0 58/8 66 72 01).

Hotels

■ Grand Hotel Villa Castagnola
Viale Castagnola 31
6900 Lugano
Tel. 0 91-9 73 25 55
www.villacastagnola.com
5-Sterne-Luxus in schönster Seelage und in einem Park. ●●●

■ Montarina
Via Montarina 1
6900 Lugano
Tel. 0 91-9 66 72 72
www.montarina.com
Einfach, aber gut, und in Seenähe, mit Pool. ●—●●

■ Jugendherberge Figino
Via Casoro 2
6918 Figino
Tel. 0 91-9 95 11 51
Preisgünstige Unterkunft in einem Patrizierhaus des kleinen Fischerdorfes mit Bushaltestelle vor dem Haus. Die Unterkünfte reichen von Zweibett- bis zum familienfreundlichen Mehrbettzimmer. ●

Campingplatz

■ Eurocampo Agno
Via Molinazzo
6982 Agno
Tel. 0 91-6 05 21 14
www.eurocampo.ch
April–Okt. Perfekt geführter Platz westl. von Lugano mit Strand, Laden und Sportmöglichkeiten.

Restaurants

■ Santabbondio
Via Fomelino 10
6924 Lugano-Sorengo
Tel. 0 91-9 93 23 88
www.ristorante-santabbondio.ch
So u. Mo geschl. Kreative Küche, zubereitet auf hohem Niveau in einem alten Bauernhaus. Der mehrfach prämierte Spitzenkoch Martin Dalsass ist bekannt für die Verwendung erklassiger Olivenöle – zur Zubereitung von Wild, Federwild und Fisch, aber auch von Schokoladenmousse. ●●●

■ Parco Saroli
Via S. Franscini 8][**6900 Lugano**
Tel. 0 91-9 23 53 14
Von Mario Botta durchgestyltes Restaurant. Die Küche gilt als eine der besten im ganzen Tessin. ●●●

■ Al Portone
Via Cassarate 3][**6900 Lugano**
Tel. 0 91-9 23 55 11
So, Mo geschl. Feines Restaurant mit traditioneller Tessiner Küche – raffiniert komponiert und fein gewürzt. ●●●

■ Canvetto Luganese
Via R. Simen 146][**6900 Lugano**
Tel. 0 91-9 10 18 90
In der stimmungsvollen Osteria wird nach typischen Tessiner Rezepten gekocht, aber der Chef findet auch Geschmack an originellen Kreationen. ●●

■ Grotto dell'Ortiga
Strada Regina 35][**6928 Manno**
Tel. 0 91-6 05 16 13
www.ortiga.ch
So, Mo und Jan. geschl. In dem kleinen Bergdorf Manno, 5 km nordwestlich von Lugano, hat der Architekt Antonio Mazzoleni einen Stall und eine Scheune in **eine wunderbare Osteria** verwandelt, in der man exquisit speisen kann. ●●

Shopping

Bottega del Vino Gabbani
Via Pessina 13
6900 Lugano
Tel. 0 91-9 11 30 82
www.gabbani.com
Hier gibt es die ganze Palette Tessiner Spitzenweine, unter denen es so manchen edlen Tropfen zu entdecken gilt.

Nightlife

Bar Motta
Contrada di Sassello 5
6900 Lugano
Unweit der Hauptverkehrsstraße Via Nassa ist die Bar Treffpunkt für ein bunt gemischtes Publikum, das sich hier bei einem Glas Nostrano, Käse und Salami im rustikalen Ambiente lebhaft unterhält.

Jazz in Lugano

Einmal im Jahr, Ende Juni/Anfang Juli, wird die Piazza della Riforma zur Bühne der Jazzgrößen aus aller Welt. Wer in Sachen Jazz Rang und Namen hat, der muss zumindest einmal beim Estival Jazz Lugano auftreten, einem Schweizer Großereignis der Musik. Unter nachtblauem Sommerhimmel haben hier Pat Metheny, Joe Lovano, John Scofield u.v.a. gespielt. Seit 1978 verwandelt das Estival Jazz die Piazza in einen stimmungsvollen Konzertsaal unter freiem Himmel – und frei ist auch der Eintritt. So kommen die Jazzfreunde oft aus allen Teilen der Welt angereist, um drei Nächte lang in Jazzklängen zu schwelgen (Infos unter www.estivaljazz.ch).

■ Casino Lugano
Via Stauffacher 1][6900 Lugano
Tel. 0 91-9 73 71 11
www.casinolugano.
Spielen ist ein beliebter abendlicher Zeitvertreib. Dem Casino sind ein Restaurant und eine Bar angeschlossen.
■ Trani
Via Cattedrale 12][6900 Lugano
In die nette Weinbar bei der Kathedrale kehrt man auf ein spätes Glas ein.

Ausflüge ab Lugano

Ausflug zum Monte Brè

Vom Ortsteil Cassarate aus fährt die Standseilbahn (außer Jan.) hinauf zum Monte Brè, einen der beiden Hausberge Luganos. Auf den Aussichtsplattformen **kann man das herrliche Panorama genießen**. Wanderer brechen vor hier aus auf, um auf leichten, gut markierten Wegen eine Rundwanderung zur **Alpe Bolla** (3 Std.) oder den Aufstieg zu den **Denti della Vecchia** (5 Std.) zu unternehmen. Wer im Gebiet länger wandern möchte, der folgt ab Bré der **Lugano-Trekking-Strecke**, die in drei Tagen (45 km) dem Höhenzug um das Val Colla folgt, und dabei zahlreiche Gipfel bis 2116 m Höhe überquert. Endpunkt ist der Ort Tesserete, nördlich von Lugano.

Cantine di Gandria

Am gegenüberliegenden Ufer liegt die Anlegestelle Cantine di Gandria (Schiff um 13 Uhr ab Lugano).

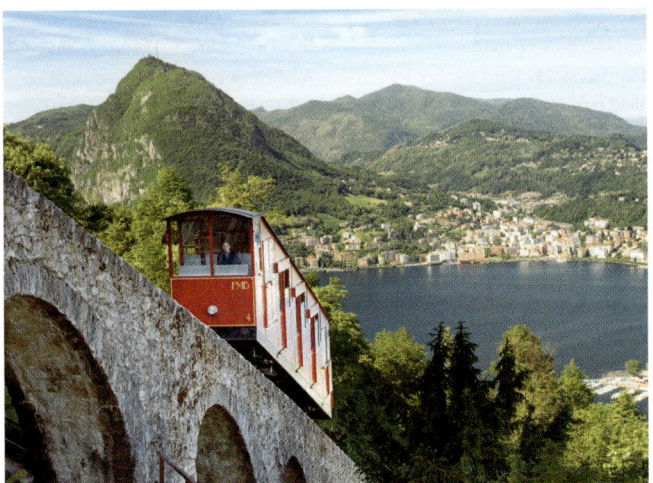

Mit der Standseilbahn bequem hinauf zum Aussichtsberg Monte Brè

In den **Cantine** werden Weine aus der Umgebung Gandrias in Felshöhlen gelagert. Meist gibt es in den Weinkellern auch Weinproben. Einen Besuch verdient dort auch das **Museo Doganale** (Zollmuseum), das ein breites Spektrum an geschmuggelten Waren zeigt (6978 Cantine di Gandria, Tel. 0 91-9 23 98 43, Ostern–Ende Okt. tgl. 13.30–17.30 Uhr, Eintritt frei).

Malcantone

Die von der Magliasina durchflossene Region erstreckt sich westlich von Lugano am Fuße der Berge Tamaro und Lema. Das einst von Bergbau und Landwirtschaft geprägte Hochplateau ist heute Ziel von Kulturwanderern, die sich zwischen Kastanienhainen und Mühlen, Hammerschmieden und Minen auf historische Spurensuche begeben. Zu den schönsten Wanderungen zählen der **Sentiero delle Meraviglie (Weg der wunderbaren Dinge)** von Novaggio nach Aranno (5 bis 6 Std.), der **Sentiero del Castagno** ab Arosio (5–6 Std.) und die Wanderung **Tracce d´Uomo** (3 Std.) um Castelrotto. Das Malcantone bietet auch den einfachsten Zugang zur schönsten Höhenwanderung im Tessin, der Traverse zwischen Monte Lema und Monte Tamaro (5 Std.). Seilbahnen ab Migliegla und Rivera erleichtern den Aufstieg.

Hotel

Il Castagno
6939 Mugena-Arosio
Tel. 0 91-6 11 40 50
www.ilcastagno.ch
Von Kastanienwäldern umgebenes Hotel mit 10 Zimmern, rustikalem Charme und großem Garten. ●●

Caslano 3

Das ehemalige Fischerdorf ist heute ein beliebtes Ausflugsziel von Leckermäulern, die sich nach einem Besuch im **Schokoladenmuseum** Alprose und der obligatorischen Verkostung gleich mit der berühmten Schweizer Schokolade in allen Variationen eindecken. Im Museum werden anschaulich Herkunft, Geschichte und Herstellung der Schokolade dargestellt, während herrlicher Kakaoduft die Produktionsanlagen umgibt, die von Montag bis Freitag zu besichtigen sind (Via Rompada 36, 6987 Caslano, Tel. 0 91-6 11 88 56, Mo–Fr 9–17.30, Sa/So bis 16.30 Uhr). Delikatessen anderer Art widmet sich das **Museo della Pesca**. Dort erfährt der Besucher alles zum Thema Fischfang im See (Via Campagna, 6987 Caslano, Tel. 0 91-6 06 63 63, www.museodellapesca.ch, Apr.–Okt., Di, Do und So 14–17 Uhr). Überzählige Kalorien können anschließend beim Spaziergang (1 Std.) um die vom **Monte Caslano** (Sassalto) gebildete Halbinsel wieder abgebaut werden.

Melide 4

Attraktion des liebenswerten Ferienortes ist die Modellanlage ***Swissminiatur** mit den wichtigsten Sehenswürdigkeiten der Schweiz in 25-facher Verkleinerung (Via Cantonale, 6815 Melide, Tel. 0 91-6 40 10 60, Mitte März–Mitte Nov. tgl. 9–18 Uhr, www.swissminiatur.ch).

Wer auf die Seilbahn (ab Lugano/Paradiso) verzichten möchte, der kann von Melide aus den Monte San Salvadore (912 m), einen der beiden Hausberge Luganos besteigen (2,5 Std.). Dabei führt der Weg durch Carona (599 m), einen denkmalgeschützten Ort mit Natursteinhäusern und freskengeschmückten Gebäuden. Stukkaturen und Gemälde von Domenico Pezzi schmücken die sehenswerte Kirche. Sollten Sie unterwegs Hunger verspüren, werfen Sie einen Blick in die **Grotta Pan Perdü** (Tel. 0 91-6 49 91 92) im Ortszentrum.

Hotel

Villa Carona
Piazza Noseed][6914 Carona
Tel. 0 91-6 49 70 55
www.villacarona.ch
Familiäres, stilvolles Hotel in einem Patrizierhaus, jedes Zimmer individuell eingerichtet. Hübscher Garten. ●●

Montagnola 5

Die Wälder und Spazierwege um dieses Dorf inspirierten einst Hermann Hesse, der 1919 ins Tessin zog und im Laufe von über vierzig Jahren in Montagnola u.a. die Romane »Siddharta« und »Narziss und Goldmund« sowie zahlreiche Gedichte und Erzählungen schrieb. Das kleine **Museum** im Turm der historischen Casa Camuzzi (in der Hesse eine bescheidene Wohnung bewohnte, bevor er 1931 mit seiner dritten Frau Ninon in die Casa Rossa zog) zeigt neben zahlreichen Erinne-

rungsstücken auch Dokumentar-
filme (Torre Camuzzi, 6926 Montagnola, Tel. 0 91-9 93 37 70,
1.3.–31.10., Mo–So 10–18.30,
1.11.–28.02. Sa/So 10–17.30 Uhr,
www.hessemontagnola.ch). Be-
graben liegt der 1962 verstorbene
Schriftsteller auf dem Friedhof
von St. Abbondio im Nachbardorf
Gentilino. Dorthin – und zu den
von Hesse geliebten Plätzen in
den Hügeln der Collina d´Ora –

führt der 3 km lange Rundweg
»Auf den Spuren von Hermann
Hesse«.

8 ★★Morcote 6

Morcote ist eines der beliebtesten
Ausflugsziele am Ceresio. Histori-
sches Ortsbild und Umgebung

verbinden sich aufs harmonischs-
te. Über eine 1732 angelegte Trep-
pe mit 403 Stufen steigt man hinauf zum terrassierten Friedhof
und zur Pfarrkirche ★Santa Maria del Sasso (338 m). Das Gotteshaus mit dem frei stehenden
Campanile (1539) geht auf das
13. Jh. zurück, wurde aber im
18. Jh. umgestaltet. Das Innere
schmücken schöne Renaissance-
fresken aus dem 15./17. Jh.

Im Westen der Stadt lockt der
exotische ★Parco Scherrer. Im
Park stehen Nachbauten eines
thailändischem Teehauses, eines
indischen Palastes und eines
ägyptischen Tempels (geöffnet
Mitte März–Ende Okt. tgl. 10–17,
Juli/Aug. bis 18 Uhr, Tel.
0 91-9 96 21 25).

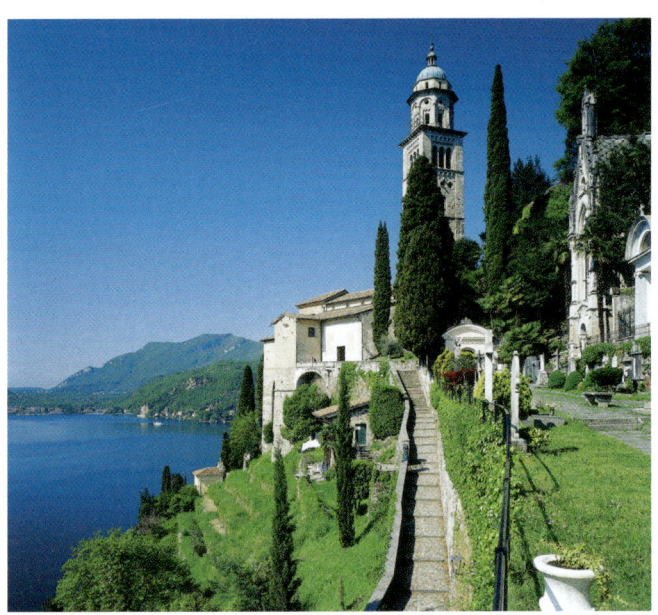

Spektakulär schön ist die Lage von Santa Maria del Sasso in Morcote

Hotels

■ **Carina Carlton**
Riva da Sant'Antoni][**6922 Morcote**
Tel. 0 91-9 96 11 31
www.carina−morcote.ch
Traditionshaus mit freundlichem Ambiente direkt am See. ●●

■ **Albergo Ristorante Della Posta**
Piazza Grande][**6922 Morcote**
Tel. 0 91-9 96 11 27
www.hotelmorcote.com
Nette Unterkunft (März bis Nov.) an der Seestraße. Gutes Restaurant. ●●

Restaurant

Ristorante Vicania
Alpe Vicania][**6921 Vico Morcote**
Tel. 0 91-9 80 24 14
www.alpe-vicania.ch
Das stilvoll-rustikale Restaurant mit offenem Kamin und großer Außenterrasse ist Teil eines Landgutes. Küchenchef Andrea Muggiano zaubert aus frischen Produkten vom landwirtschaftlichen Betrieb feine Gerichte. ●●

Castagnola 7

In Castagnola befindet sich das **Museo delle Culture**, das Museum für außereuropäische Kulturen in der Villa Heleneum. Es hat eine ethnographische Sammlung mit rund 600 Objekten aus Ozeanien, Indonesien und Afrika. (Via Cortivo 24, Tel. 0 58-8 66 69 60, Di So 10–18 Uhr.)

Hotel

Elvezia al Lago
Sentiero di Gandria 21
6976 Castagnola
Tel. 0 91-9 71 44 51
www.elvezialago.ch

Kleine Villa am See, die zum Kunsthotel umgebaut wurde. ●●

*Gandria 8

Der viel besuchte Ort bietet mit seinen verschachtelten Häusern, die sich an den felsigen Steilhang schmiegen, ein überaus malerisches Bild. Zu Fuß erreicht man ihn von Castagnola aus auch über den von subtropischer Vegetation gesäumten **Olivenbaumpfad** (3,5 km; 1,5 Std., 18 informative Stationen, Broschüre in der Touristeninformation erhältlich).

*Valsolda 9

Im malerischen Valsolda lebte der italienische Schriftsteller Antonio Fogazzaro (1842–1911), dessen Werk »Piccolo mondo antico« hier spielt. Die Bergwelt ist für Wanderer und Bergsteiger attraktiv. Schöne Wege führen auf die **Denti della Vecchia** (2 Std. von Castello), auf den **Monte Boglia** (1516 m, 3 Std.) und auf den **Monte Bronzone** (1443 m, 2 Std. von Dasio).

Val Rezzo 10 / *Val Cavargna 11

Im Hinterland von **Porlezza** liegt die malerische Bergregion um die Täler **Val Rezzo** und **Val Cavargna**. Eine gut ausgebaute Straße verbindet Porlezza mit den beiden Talgemeinden, eine Rundfahrt (30 km) bietet reizvolle Ausblicke. Die Bergdörfer in dieser Gegend

führen allesamt ein ausgeprägtes Eigenleben, da sich Touristen nur selten dorthin verirren. Markierte Wege führen u.a. von Buggiolo (1035 m) zum **Passo di San Lucio** (1542 m; knapp 2 Std.), einem uralten Übergang ins Tessiner Val Colla, und weiter am Grenzkamm entlang auf den **Monte Garzirola** (2116 m; 2 Std. ab San Lucio).

Grotte di Rescia 🄬

Die kleine Tropfsteinhöhle mit Wasserfall ist beleuchtet und im Rahmen einer Führung (ca. 30 Min.) zugänglich (April –Mitte Sept. tgl. 13.30–18 Uhr Info: Camping Grotte di Rescia, Tel. 0 34-47 25 20).

Osteno 🄭

Der kleine Ort am Südufer des Luganer Sees bietet eine malerische Klamm, den *Orrido*, und die sehenswerte Kirche Santi Pietro e Paolo, die sich weithin sichtbar über dem Dorf erhebt. Im Innenraum schöne Madonnenstatue aus dem 15. Jh. (Westwand) und eine Schauder erregende Vision des Jüngsten Gerichts.

Campione d'Italia 🄮

Gegenüber von Lugano liegt das »Las Vegas« Italiens als Enklave im Schweizer Kanton Tessin (Zollanschlussgebiet, es gibt keine

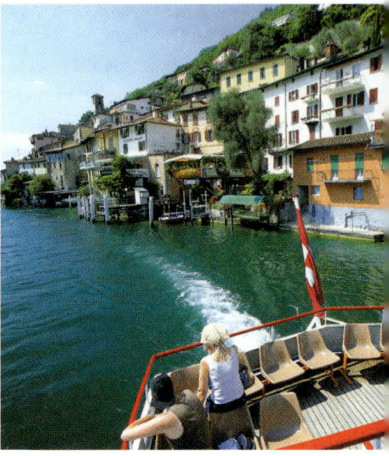

Viel besuchtes Gandria

Grenzkontrollen). Das ca. 1 km^2 große Territorium, 777 der Abtei Sant' Ambrogio in Mailand geschenkt, verblieb etwa 1000 Jahre unter klösterlicher Hoheit. 1797 wurde das Dorf der Cisalpinischen Republik zugeschlagen und kam dann mit der Lombardei an Österreich, bevor es in der zweiten Hälfte des 19. Jhs. endgültig an Italien fiel.

Blickfang im heutigen Ortsbild ist die 2007 eröffnete »Kathedrale des Spiels«, das gigantische neue **Spielcasino** des Architekten Mario Botta. Das 150 Mio. Franken teure, 13-stöckige Bauwerk stößt jedoch auch auf Kritik – die Einwohner fühlen sich durch die Wucht des Bauwerks erschlagen. Mit 560 Automaten und 56 Spieltischen zielt es – als größtes Casino Europas – auf die Kundschaft der drei benachbarten Schweizer Mitbewerber in Lugano, Mendrisio und Locarno.

Weit weniger bekannt als Casino und Nachtclubs ist die Wallfahrtskirche ****Santuario della Madonna dei Ghirli**. (fast immer geschlossen, Schlüssel im Pfarrhaus gegenüber). Im Kern gotisch, wurde sie im 17. Jh. barockisiert und seeseits mit einer als Triumphbogen gestalteten Vorhalle (1740) und monumentalem Treppenaufgang versehen. Prachtvolle Fresken aus verschiedenen Epochen schmücken den Innenraum. Der Name der Kirche – Madonna der Schwalben – spielt übrigens auf die künstlerische Wanderschaft der Campionesen an, die wie die Schwalben aus- und wieder einzogen.

Restaurants

■ **Taverna**
Piazza Roma 1
22060 Campione d'Italia
Tel. 0 91-6 49 47 97
Hier stehen weiße Trüffel und andere Spezialitäten auf der Speisekarte. Mi ganztägig und Do mittags geschl. ●●●

■ **Da Candida**
Viale Marco da Campione 4
22060 Campione d'Italia
Tel. 0 91-6 49 75 41
www.dacandida.ch
Fürstlich speisen in einem Palast aus dem 18. Jh. Mo ganztägig und Mi mittags geschl. ●●

*Rovio 15

Das schmucke Dörfchen liegt am Westfuß des Monte Generoso › S. 105 auf einer Anhöhe über dem kleinen Tal der Sovaglia. Der Platz gilt als uraltes Siedlungsgebiet. Sarkophage aus römischer Zeit werden heute als Brunnen genutzt, und an der Außenwand der Casa Conza findet sich ein Stein mit römischer Inschrift. Aus der zweiten Hälfte des 18. Jhs. stammt die Pfarrkirche in ihrer heutigen Gestalt. Wesentlich älter ist die Kapelle **San Vigilio** westlich des Ortes. Der einschiffige romanische Bau mit halbrunder Apsis und offenem Dachstuhl dürfte im 12./13. Jh. entstanden sein, die Fresken stammen aus der 1. Hälfte des 13. Jhs.

Ausflug nach Arogno 16 und **Sighignola 17

Sowohl von Rovio als auch Maroggia führen Straßen zum Bergdorf **Arogno** (609 m), das im malerischen Valle Mara liegt, und weiter über die schweizerisch-italienische Grenze hinauf nach **Lanzo d'Intelvi** (907 m). Diesen lohnenden Abstecher wird man vor allem unternehmen, um zur ****Sighignola** (1321 m) zu gelangen, **dem schönsten Aussichtspunkt am Luganer See:** Nach 5,5 km auf einer recht guten Straße von Lanzo öffnet sich ein unvergleichlicher Blick auf den See und die Bucht von Lugano.

Echt gut

Capolago

Das »Haupt des Sees« am Südende des Lago di Lugano war vor dem Bau der Gotthardbahn ein wichtiger Handelsplatz und be-

reits unter den Mailänder Visconti befestigt. Capolago ist Ausgangspunkt für eine Fahrt mit der Zahnradbahn auf den **Monte Generoso** (1701 m), den südlichsten Aussichtsberg des Tessins. Bei günstiger Witterung reicht das Gipfelpanorama vom Monte Viso (3841 m) bis zur Bernina (4049 m). Die 1890 eröffnete Bahn führt bei Höchststeigungen von 22 % in einer Stunde bis knapp unter den Gipfel. Von der Bergstation Generoso–Vetta (1601 m) führt ein Fußweg zum höchsten Punkt (20 Min.). Wanderer können anschließend über die Alpe Piana und Alpe Génor, über Cascina d´Armirone und Doso dell Ora bis zur Bahnstation La Piana absteigen (5,5 Std., mit Gipfelbesteigung 6,5 Std.). Die artenreiche Flora zeigt sich im Frühsommer in schönster Blüte (Naturschutzgebiet).

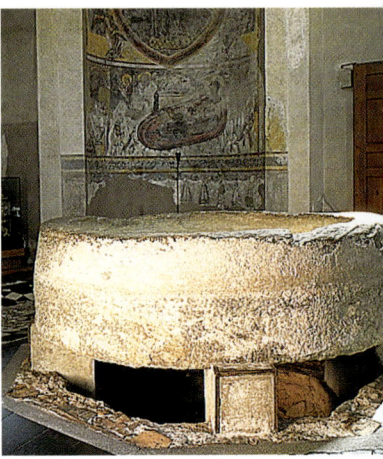

Taufstein von Riva San Vitale

Riva San Vitale 18

Der stattliche Ort hat eine bewegte Geschichte und ist berühmt durch das frühchristliche Baptisterium und die Kuppelkirche Santa Croce. Schon in prähistorischer Zeit besiedelt, 774 als Sobenno urkundlich erwähnt, war Riva San Vitale im Mittelalter Seestützpunkt Comos im Kampf gegen Mailand.

9 Bekrönt wird der Ort von der weithin sichtbaren mächtigen Kuppel der Kirche **Santa Croce**. Das Gotteshaus, einer der schönsten Sakralbauten

der Schweiz, entstand 1588 bis 1592 unter dem Baumeister Giovanni Antonio Piotto aus Vacallo im Mendrisiotto. Die Kirche folgt zwar ganz der Tradition stolzer Zentralbauten der Epoche, nimmt aber mit der Fassade und dem stark betonten Chor bereits Elemente des Barock vorweg. Überwältigend ist die Raumaufteilung: Acht mächtige Säulen tragen die von einer Laterne bekrönte Kuppel. Der Freskenschmuck ist gespenstisch und hintergründig zugleich.

Das frühchristliche **Baptisterium San Giovanni** neben der Pfarrkirche San Vitale ist der älteste Sakralbau der Schweiz und Zeichen der jahrhundertelangen kulturellen Tradition dieser Region. Der Zentralbau mit achteckiger Kuppel entstand um 500 und hatte einst einen quadratischen Umgang. Vermutlich aus karolingischer Zeit stammt die mehrfach

umgestaltete Ostapsis. Die Freskenreste – eine Kreuzigung Christi – werden auf die Zeit um 1000 datiert, die Malereien in den Nischen links und rechts der Apsis auf das 14./15. Jh. Teilweise erhalten blieb der kunstvoll verlegte Marmorboden. Die achteckige Piscina diente ursprünglich für die Taufe.

***Monte San Giorgio ⑲

Der pyramidenförmige Berg (1097 m) trennt die beiden südlichen Arme des Luganer Sees und bietet von seinem Gipfel einen **herrlichen Panoramablick.** Weltweite Berühmtheit und einen Eintrag als UNESCO–Weltnaturerbe (2003) verdankt der bewaldete Berg der Tatsache, dass sich in seinen Gesteinen die besterhaltene Fundstätte marinen Lebens der Trias (vor 245–230 Mio. Jahren) verbirgt. Die gut konservierten, versteinerten Reptilien, Fische und Ammoniten tummelten sich einst in einer subtropischen Lagune oder kamen – wie einige Insekten oder Pflanzen – vom nahen Festland. Eine Auswahl der Funde kann im **Museo dei Fossili di Meride** (im alten Gemeindehaus von Meride, Tel. 0 91-6 46 37 80, tgl. 8–18 Uhr, www.montesangiorgio. ch) bestaunt werden, wenngleich sich die Mehrzahl der Fossilien im Paläontologischen Museum von Zürich befindet. Ein **Rundwanderweg** führt von Meride über Cassina (in der Nähe befin-

Echt gut!

det sich die berühmte Fundstätte) auf den Monte San Giorgio und zurück über Crocifisso (3,5 Std.).

Antico Grotto Fossati
Meride][**Tel. 0 91-6 46 56 06**
Während im Keller hunderte verschiedener Weine und Käse lagern, werden in der Gaststube Formaggini aus dem Valle di Muggio, Ossobuco, Kaninchen und sautierte Pilze serviert, gefolgt von Milchferkel aus dem Ofen *(Bollito misto)*, Zicklein *(Capretto pilottato)* oder Lamm. Angenehm sitzt man an den Steintischen auf der Terrasse. Probieren Sie unbedingt Gazosa, die Tessiner Zitronenlimonade. Mo geschl. ●

Mendrisiotto

Mendrisio ⑳

Südlich von Capolago liegt das **Mendrisiotto**, eine reizvolle Hügellandschaft, gelegentlich – und nicht ganz zu Unrecht – als Vorhof der Lombardei bezeichnet. Hauptort ist das lebhafte Städtchen Mendrisio mit seinem malerischen *Borgo*, sehenswerten Palazzi und Kirchen. Über die Grenzen des Tessin hinaus berühmt sind die Osterprozessionen, die mit naiver Freude am prunkenden und farbenprächtigen Aufzug in Szene gesetzt werden. Alljährlich vom 10.–12. November findet in Mendrisio auch der beliebte **Martinimarkt** statt.

Echt gut

Der alte Stadtkern wird überragt von der Pfarrkirche **Santi Cosma e Damiano**, einem monumentalen Zentralbau des 19. Jhs. mit achteckiger Kuppel. Kunstge-

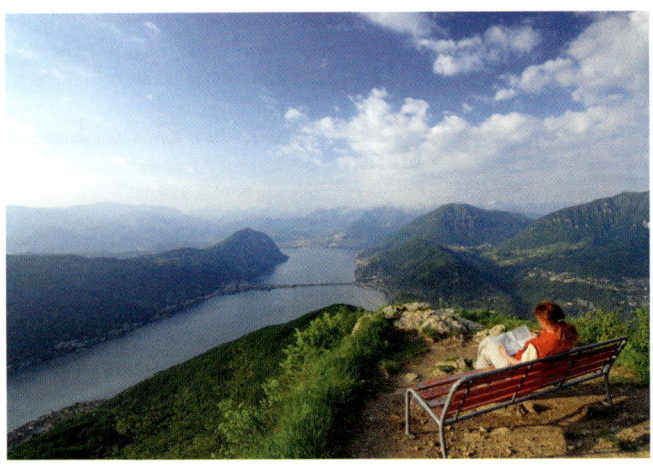

Panoramablick vom Monte San Giorgio

schichtlich ungleich bedeutender ist das 1852 aufgehobene **Servitenkloster San Giovanni**, ein ausgedehnter, malerisch verschachtelter Gebäudekomplex, der sich um den Kreuzgang aus dem 17./18. Jh. gruppiert (Piazza San Giovanni, 6850 Mendrisio, Tel. 0 91-6 46 76 49).

Im Konventgebäude ist ein kleines Kunstmuseum untergebracht, das neben Wechselausstellungen Tessiner Künstler auch Werke internationaler Meister des 20. Jhs. zeigt (Di–Fr 14–17, Sa/So 10–12, 14–18 Uhr). Unter den historischen Profanbauten Mendrisios ist neben dem **Palazzo Torriani** (16.–18. Jh.), der zwei stimmungsvolle Innenhöfe umschließt, vor allem der **Palazzo Pollini** hervorzuheben, einer der großartigsten Barockpaläste des Tessin (1719–1721).

Nördlich des Städtchens, zwischen Autobahn und Gotthard–Bahnlinie, steht im freien Feld das Kirchlein **San Martino**. Es ist das älteste Gotteshaus des Mendrisiotto, bereits 965 wurde es urkundlich erwähnt. Den bestehenden romanischen Bau aus dem 12./13. Jh. errichtete man über den Fundamenten dreier Vorgängerkirchen. Chor, Vorhalle und Sakristei stammen aus dem 17. Jh.

Info

Ente Turistico del Mendrisiotto e Basso Ceresio
Via Lavizzari 2][6850 Mendrisio
Tel. 0 91-6 41 30 50
www.mendrisiotourism.ch

Hotel

Albergo Morgana
Via C. Maderno 12][6850 Mendrisio
Tel. 0 91-6 46 23 55
www.hotelmorgana.ch
Etwas außerhalb gelegenes Drei-Sterne-Hotel mit Pool. ●–●●

Shopping

Foxtown
Via A. Maspoli 18
6850 Mendrisio
Tel. 0 84-8 82 88 88
www.foxtown.ch, tgl. 11-19 Uhr
Riesiges Outlet mit Restaurants und
Bars, direkt an der Autobahnausfahrt
Mendrisio gelegen. Rund **130 Shops**
internationaler Markenhersteller
(Mode, Haushaltswaren, Schuhe, Bril-
len) bieten große Preisnachlässe für
Designer-Kleidung (u.a. Prada und Ver-
sace) aus dem Vorjahr und aus Über-
produktionen. Im Gebäude residiert
auch das **Casino** Mendrisios (Mo–Fr
12–5 Uhr, Sa, So 12–6 Uhr).

Rancate 21

Im ehemaligen Pfarrhaus des kleinen Ortes findet der Besucher mit
der **Pinacoteca Cantonale Züst**
ein besonderes Kunstmuseum. Es
zeigt Werke von Tessiner Künstlern vom 17. bis 20. Jh., darunter
Arbeiten von Giovanni Serodine
aus Ascona (Di–So 9–12,14–
17 Uhr).

Ligornetto 22

In dem Dorf westlich von Mendrisio befindet sich das bedeu-
tendste Künstlerhaus und eines
der größten Museen der Schweiz.
1862–65 errichtet, war es Privat-
residenz, Atelier und Museum des
Tessiner Bildhauers Vincenzo
Vela (1820–1891), einem der
wichtigsten europäischen Bildhauer des 19. Jhs. Er stellte dort
die Gipsmodelle seiner Werke
aus. Später kamen Stücke seines
Bruders Lorenzo (1812–1897),
seines Sohnes Spartaco (1854–

1895) sowie Malerei und Grafik
lombardischer und piemontesi-
scher Künstlerfreunde hinzu.
Heute umfasst das **Museo Vela**
mehr als 4000 Kunstwerke und ist
damit eine der wichtigsten Gipsfi-
gurensammlungen Europas (Largo Vincenzo Vela, 6853 Ligornetto, Tel. 0 91-6 40 70 44/40,
März–Nov. 10–17, Juni–Sept. u.
So bis 18 Uhr, Mo geschl.).

Restaurant

Grotto Vallera
Via Vallera
6852 Genestrerio
Tel. 0 91-6 47 18 91
Schnörkelloses Grotto östlich von
Stabio am Ufer des Laveggio zwischen
Platanen und Ahornbäumen. Speziali-
tät des Hauses sind Gerichte nach
traditionellen Rezepten: im Herbst
z.B. Cazöla von der Gans und im
Winter *troccoli del montanaro* (deftige
Pasta mit Kohl und Käse). Mo u. Sa
mittags geschl. ●

Stabio 23

Neben der **Casa Rotonda** (1981),
einem von Mario Botta geplanten
Einfamilienhaus (privates Wohnhaus in der Via Pietane 12), ist
das **Museo della Civiltà Contadi-
na del Mendrisiotto** von Interesse. Das Museum erinnert in mehr-
reren Ausstellungsräumen an die
landwirtschaftliche Vergangenheit der Region und deren bäuer-
liche Kultur (Piazza Maggiore,
Via Castello, 6855 Stabio, Tel.
0 91-6 41 69 90, Di, Do, Sa, So
14–17 Uhr, www.stabio.ch).

Villa Carlotta in Tremezzo

Comer See

Nicht verpassen!

- Einen Bummel auf der Via Vittorio Emanuele in Como
- Die Gärten der Azaleenriviera mit allen Sinnen erleben
- Ein Abendessen in illustrer Gesellschaft auf der Isola Comacina

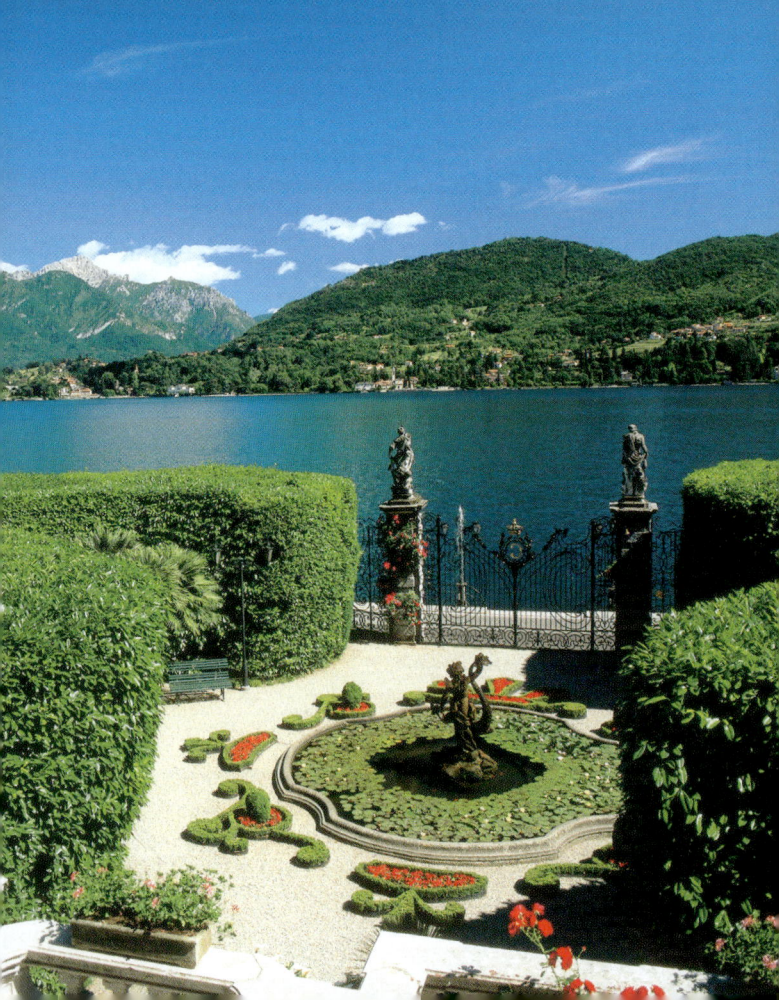

Zur Orientierung

Wie ein Fjord dehnt sich der Comer See zwischen seinen steilen Ufern aus. Im Gegensatz zum Lago Maggiore greift er aber nicht in die Ebene hinaus. Er ist ein Alpensee, trotz mediterraner Vegetation, südländisch-barocker Villen und Parks. Gerade dieser Kontrast macht den besonderen Reiz des auch *Lario* genannten Gewässers aus, das für viele der schönste unter den oberitalienischen Seen ist. In der lieblichen Natur des Comer Sees hat sich auch der Mensch mit seiner Bau- und Gartenkunst verewigt, und dort ist es ihm in Oberitalien am besten gelungen. Die Form des Comer Sees erinnert an ein kopfstehendes »Y«, jeweils am Kopfende der beiden Arme befinden sich die beiden größten Städte.

Die Universitätsstadt **Como** besitzt zwischen mittelalterlichen Mauern eine elegante Altstadt mit interessanter Architektur, regem Kulturangebot und lohnenden Museen. Como ist das Zentrum der europäischen Seidenindustrie, und in den Gassen finden sich neben schicken Boutiquen auch zahlreiche Spezialitätengeschäfte.

Auch **Lecco** zeigt in den Vororten das Bild einer Industrielandschaft, doch auch dort ist die Fußgängerzone mit ihren Gassen und eleganten Geschäften vor der Kulisse der Berge von Grigne und Resegone einen Besuch Wert.

Zwischen beiden Städten erstreckt sich die reizvoll anzuschauende Seenkette der **Brianza**. Sie eignet sich weniger zum Baden, für Freunde romanischer Baukunst und Radfahrer ist sie jedoch ein Tipp. So gibt es einen ausgeschilderten Radwanderweg bis ins Varesotto.

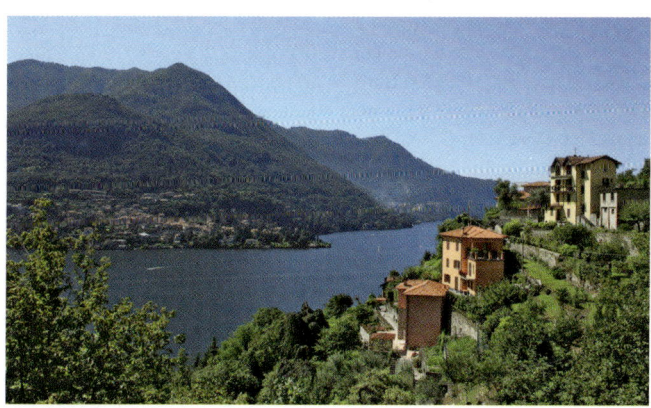

An der Westküste des Comer Sees

Als schönster Teil des Lago di Como gilt das **Westufer,** vor allem der Abschnitt zwischen Como und Bellagio. Nachdem der lombardische Adel im 16. Jh. den See entdeckte und dort zahlreiche Prachtbauten schuf, finden heute Hollywoodstars an dieser Ecke Gefallen. Auch das Ufer gegenüber wird von Parkanlagen, Villen und Grandhotels gesäumt, verwöhnt doch die Seemitte – auch **Azaleenriviera** oder *Riviera della Tremezzina* genannt – mit mildem Klima und mediterraner Vegetation.

Eine spitz zulaufende Halbinsel trennt die beiden südlichen Arme des Sees. An deren Ende liegt **Bellagio**, eine weitere Perle am *Lario*, die man am besten per Boot erreicht. Belle Epoque und Tourismus vereinen sich dort in bester Manier, was vor allem Amerikaner entzückt.

Der nördlich anschließende Teil des Comer Sees zeigt einen strengeren, alpineren Charakter. Hohe, oft schneebedeckte Bergkämme treten ins Bild. Der sogenannte *Alto Lario* ist vor allem Ziel der Wanderer und Mountainbiker; wobei sich die wanderbare Bergwelt entlang des Ostufers bis zum Parco delle Grigne und den Bergen von Resegone bei Lecco erstreckt. Auch alle Wassersportler, die Wind brauchen, finden am nördlichen Comer See ideale Verhältnisse vor. Die Wind- und Kitesurferszene trifft sich – bei einem entsprechendem Angebot an Campingplätzen – vor allem in Domaso und Colico.

Schiffsverkehr

Auf dem See fahren Schnellboote *(Servizio rapidi)* und Motonavi. *Traghetti* (Autofähren) pendeln zwischen Menaggio, Varenna und Bellagio. In der Seemitte verkehren die Boote häufiger, während der Wintermonate ist der Fahrplan ausgedünnt. Aktueller Fahrplan: www.navigazionelaghi.it.

Touren in der Region

Villen, Gärten und Kirchen

⑪ Como ❯ Lenno ❯ Tremezzo ❯ Isola Comacina ❯ Bellagio ❯ Gravedona ❯ Piona ❯ Varenna ❯ Bellagio

Länge: 3 Tage
Praktische Hinweise:
Für die Strecken Como-Lenno und Bellagio–Gravedona benutzen Sie die Schnellboote für die restlichen Strecken die *Motonavi.* Für die Fahrt am Abend von Varenna nach Bellagio benutzen Sie die Autofähre. Die kleinen Boote zur Isola Comacina verkehren regelmäßig ab Sala Comacina. Besser ist jedoch, Sie lassen sich direkt an Ihrem Hotel abholen (Boat Service, Tel. 0 31-82 19 55; auch für Villa del Balbianello).

Fahren Sie an einem Donnerstag in **Como** ❯ S. 114 los, wenn am Ostufer das Morgenlicht auf die Villen von Cernobbio und Laglio

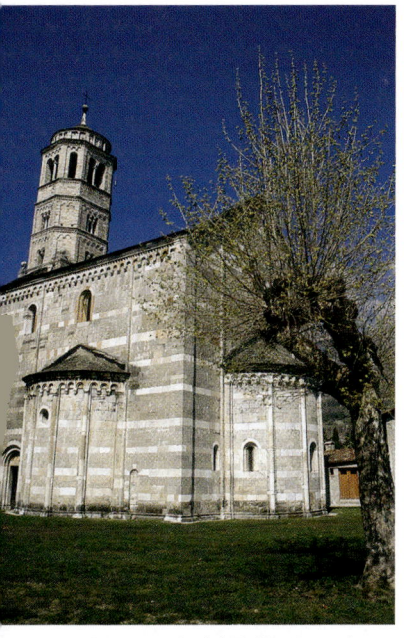

Santa Maria del Tiglio, Gravedona

fällt. In **Lenno** › S. 123 beziehen
Sie zuerst Ihr Hotel, um dann einen Spaziergang (oder eine
Bootstour) zur Villa del Balbianello zu unternehmen. Nach einem delikaten Fischgericht in der
Trattoria Santo Stefano › S. 124
geht es am Nachmittag zur Villa
Carlotta nach **Tremezzo** › S. 124.
Abends folgt eine kurze Bootsfahrt zur **Isola Comacina** › S. 122,
um im legendären Inselrestaurant
Locanda dell'Isola zu speisen. Am
Morgen steht zuerst eine kurze
Überfahrt nach **Bellagio** › S. 125
mit Hotelwechsel auf dem Programm. Im Ort verbringen Sie
den Tag bei Besichtigungen der
imposanten Villen und Gärten.
Am Samstag fahren Sie nach **Gra-**

vedona › S. 129, um die kunsthistorisch bedeutenden Kirchen zu
besuchen und anschließend zum
Kloster Piona › S. 131 überzuset-
zen. Abschluss des Tages bildet
ein Rundgang durch **Varenna**
› S. 131, bevor Sie im Vecchia Varenna zu Abend essen und mit einer späten Fähre nach Bellagio
zurückkehren.

Wandern im Parco delle Grigne

—⑫— Lecco › **Piani Resinelli** ›
Rifugio Rosalba › **Piani Resinelli** › **Lecco**

Länge: Fahrstrecke 16 km,
Wanderzeit 4 Std.
Praktische Hinweise:
Parkplatz beim Rifugio Alippi,
alternativ können die Piani Resinelli von Lecco aus per Bus
erreicht werden. Der Wanderweg zur Hütte ist gut angelegt,
erfordert jedoch Trittsicherheit. Das Rifugio ist von Mai
bis Mitte September durchgehend bewirtschaftet, sonst nur
an Wochenenden.

Brechen Sie frühzeitig in **Lecco**
› S. 134 auf, um der Straße in die
Valsassina bis Ballabio zu folgen.
Ab dort führt eine Bergstraße in
Serpentinen hinauf zu den **Piani
Resinelli** › S. 137, einer Ferien-
siedlung mit zahlreichen Unter-
kunftsmöglichkeiten. Sie parken
beim Rifugio Alippi (1183 m), wo
Weg Nr. 9 (Sentiero delle Foppe)
beginnt, der Sie hinauf zum Rifu-
gio Rosalba (1720 m) führt. Die
Hütte, eines der beliebtesten Wan-

**Karte
Seite 113**

derziele in den Grigne, befindet sich unter dem Gipfelstock der Grignetta (2177 m), der erfahrenen Bergwanderern, Klettersteiggehern und Kletterern vorbehalten ist. Genießen Sie die Ausblicke auf Felsnadeln, den Comer See und die Poebene sowie eine deftige Mahlzeit, bevor Sie auf dem Aufstiegsweg wieder absteigen.

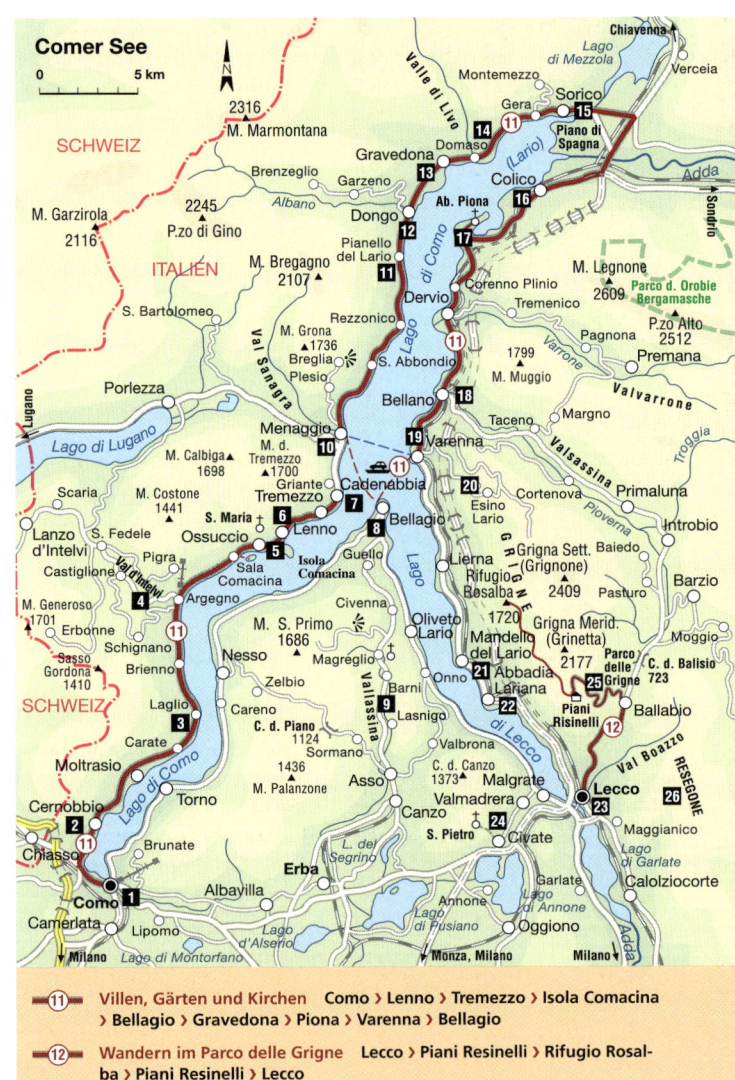

Comer See

0   5 km

SCHWEIZ

ITALIEN

SCHWEIZ

11 **Villen, Gärten und Kirchen** Como › Lenno › Tremezzo › Isola Comacina
› Bellagio › Gravedona › Piona › Varenna › Bellagio

12 **Wandern im Parco delle Grigne** Lecco › Piani Resinelli › Rifugio Rosalba › Piani Resinelli › Lecco

Unterwegs am Comer See

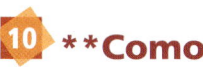10 **Como 1

Como (83 000 Einw.) hat zwei Gesichter: ein nobles, dem See zugewandtes und ein hässliches, in die Brianza hinaus wucherndes. Am besten nähert man sich Como von Norden her, übers Wasser oder auf einer der Uferstraßen. Dann entfaltet die Stadt ihren ganzen Zauber: Grün und Grau, dazu gedämpftes Ocker, mediterranes Licht, lombardisch-nüchtern die Mauern der Altstadt. Verborgen bleibt dem Anreisenden somit, was sich hinter der vornehmen Fassade verbirgt: das pulsierende Herz der Industriestadt, Vorort und Hinterhof zugleich. Aus Comos Altstadt, der *Città murata*, ist der Autoverkehr teilweise verbannt. Doch nicht nur Staugefahr und Parkplatznot sprechen für die Anfahrt mit dem Schiff: Man legt vor malerischer Kulisse am Lungolario an und betritt nahe der Piazza Cavour wieder festen Boden, dem besten Ausgangspunkt, um die Altstadt zu erkunden. Von dort folgt man der Via Vittorio Emanuele zum Domplatz.

Dom und Basilika A

Der **Domplatz** ist das geschäftige Zentrum der Altstadt. Dom, Broletto und Torre del Comune schließen ihn als Baukomplex von grandioser Wirkung nach Osten hin ab. Während der Stadtturm und das ehemalige Rathaus (*Broletto*) mit seinen Arkaden und der schwarzweiß gemusterten Fassade im Kern aus dem frühen 13. Jh. stammen, wurde mit dem Bau des Doms erst 1396 begonnen. Die Arbeiten zogen sich bis Mitte des 18. Jhs. hin (Vierungskuppel von F. Juvarra, 1744). Dennoch ist der Gesamteindruck harmonisch. Der Entwurf von Lorenzo degli Spazzi war gotisch, die 1457 begonnene **Fassade** gilt als eine Meisterleistung der lombardischen Frührenaissance. Der plastische Schmuck stammt zum Teil von den Brü-

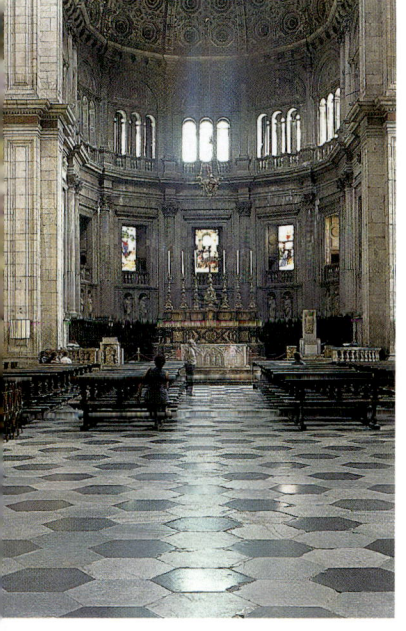
Im Dom von Como

dern Rodari. Tommaso und Jacopo Rodari schufen auch das reich geschmückte Froschportal, die **Porta della Rana** an der Nordseite des Gotteshauses, das seinen Namen einem nur noch in Umrissen erkennbaren Froschrelief verdankt. Schemenhaft präsentiert sich zunächst auch das Innere des Doms. Das spärlich einfallende Licht erhellt den hohen Kirchenraum nur wenig.

Aus der Fülle von Kunstwerken seien hervorgehoben: die großen, im Langhaus aufgehängten Gobelins (16. und 17. Jh.) aus toskanischen und flandrischen Manufakturen, eine Kreuzabnahme (1498) im linken Seitenschiff von Tommaso Rodari, ferner mehrere Altarbilder von Bernardino Luini und Gaudenzio Ferrari.

Um die Piazza del Popolo gruppieren sich weitere Gebäude: Das klassizistische **Teatro Sociale** mit seiner imposanten Säulenvorhalle wurde 1811 bis 1813 von G. Cusi auf der Basis des ehemaligen Schlosses erbaut. Der **Palazzo Terragni**, 1932 bis 1936 von Giuseppe Terragni errichtet, einem Wegbereiter der Moderne, gilt als Paradebeispiel des italienischen Rationalismus der 1930er-Jahre.

Shopping

Die Haupteinkaufsstraße *Via Vittorio Emanuele* nennen die Einwohner kurz *la vasca*, die Wanne, weil man dort im Überfluss baden kann. In ihr reihen sich Geschäfte für exklusive Mode und italienische Schuhe aneinander und dazwischen gibt es Köstlichkeiten für Gourmets.

*San Fedele ❸

Die Kirche San Fedele, eine romanische Basilika, wurde im 12. Jh. über den Fundamenten eines karolingischen Vorgängerbaus errichtet. Außen fällt vor allem die originell gestaltete Apsis mit ihrer Zwerggalerie auf. Der Grundriss, eine Kleeblattanlage, erinnert an die Pfalzkapelle Karls des Großen in Aachen. Schmuckvoll wurde das Nordportal gestaltet. In der linken unteren Hälfte ist David in der Löwengrube dargestellt, darüber Habakuk mit einem Engel. Auf der rechten Seite gibt sich ein geflügelter Drache kämpferisch. Im Innern entdeckt man links der Nordapsis Freskenreste des 12./13. Jhs., die thematisch mit jenen im Baptisterium von Riva San Vitale verwandt sind ❭ S. 105.

Museo Civico Archeologico ❻

Noch weiter in die Vergangenheit Comos führt das Archäologische Stadtmuseum im Palazzo Giovio. Die ältesten Funde stammen aus der Steinzeit, eine Siedlungskontinuität über Bronze- und Eisenzeit bis zu den Römern ist durch reiches Material belegt. Gezeigt werden auch Stücke aus romanischer und gotischer Zeit, z.B. Kapitelle aus Sant'Abbondio ❭ S. 116.

Das **Museo Storico Giuseppe Garibaldi** im Palazzo Olginati nebenan widmet sich der Geschichte der italienischen Unabhängigkeitsbewegung des 19. Jhs. (Piazza Medaglie d´Oro 1, Tel. 0 31 27 13 43, Di–Sa 9.30–12.30, 14–17 Uhr, So/Fei 10–13 Uhr).

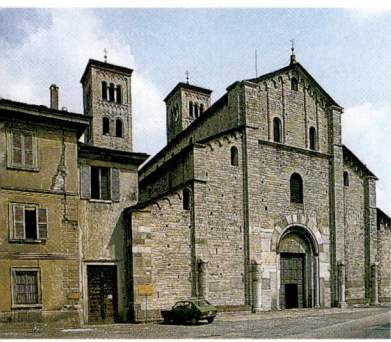

Die Basilika Sant'Abbondio

Pinacoteca Civica

Im Palazzo Volpi zeigt die Pinacoteca Civica neben Gemälden aus sieben Jahrhunderten auch Arbeiten lokaler Künstler (Via Diaz 84, Di–Sa 9.30–12.30, 14–17, So 10–13 Uhr).

Die Befestigungen

Von den mittelalterlichen Befestigungen der Stadt aus dem 12. Jh. sind noch größere Teile der Wehrmauer und drei Türme erhalten: Torre di Porta Nuova, Torre di San Vitale sowie die wuchtige, 40 m hohe **Torre di Porta Vittoria** ❶ am Ende der Via Cantù. Auffällig sind ihre mehrreihigen übergroßen Doppelfenster. Im Keller der nahen Mittelschule wurde ein Rest der römischen **Porta Praetoria** des 2. Jhs. freigelegt.

**Sant'Abbondio ❸

Durch die Porta Praetoria tritt man auf die Piazza Vittoria, von der es nicht weit zur Kirche Sant'Abbondio ist. Sie steht zwar in einer optisch wenig ansprechenden Umgebung zwischen der Bahnlinie und hässlichen Industrieanlagen, gehört aber zu den bedeutendsten Sakralbauten der lombardischen Frühromanik (Weihe 1095). Das Äußere wird durch Lisenen und Rundbogenfriese gegliedert. In der auffallend plastisch ausgebildeten Apsis ist ein Freskenzyklus von 1350 erhalten, der einem Meister aus Siena zugeschrieben wird. Der sich anschließende ***Kreuzgang** mit seinen doppelgeschossigen Arkaden wurde erst im 16. Jh. errichtet.

Shopping/Café

In einer Fabrikhalle von 1887 nahe Sant'Abbiondo stellt Comos größter Seidenproduzent seine Erzeugnisse aus. Zu dem La Tessitura genannten Ausstellungs- und Werksverkaufsbereich gehören eine Bibliothek, eine Galerie und das schicke Designer-Café Loom mit seiner extravaganten Einrichtung (Viale Roosevelt 2/A, 22100 Como, Tel. 0 31 32 16 66, www.mantero.com). Grundwissen vor dem Einkauf vermittelt das Seidenmuseum ❯ S. 117.

Echt
gu*

Castello Baradello ❻

Freie Sicht auf die Stadt und den See hat man vom Castello Baradello (432 m) aus, dessen malerische Ruine sich am Osthang des Monte della Croce (536 m) erhebt. Unter Friedrich Barbarossa wurde die Feste zur Sicherung Comos errichtet (um 1158); die Visconti bauten sie später aus. Mit ihrem Namen verbindet sich eine grausame Episode: Ottone Visconti ließ hier seinen Gegner

Napo Torriani, den er bei Desio (1277) gefangen genommen hatte, in einem Gitterkäfig am Bergfried aufhängen. Er soll erst nach 19 Monaten (!) verhungert sein.

San Carpoforo

Ganz in der Nähe der Burg liegt San Carpoforo, vermutlich im 4. Jh. gegründet, die erste Kathedrale von Como. Die romanische Basilika entstand nach 1025; Chor und Apsis werden auf die Mitte des 12. Jhs. datiert.

Museo Didattico della Seta di Como ⓖ

Das interessante **Seidenmuseum** in der Via Castelnuovo schlüsselt anhand von zahlreichen Exponaten die Geschichte der Seidenherstellung in Como auf und bewahrt schöne Objekte der Webkunst aus dem 13. Jh. (Via Castelnuovo 9, Tel. 0 31 30 31 80, www.museosetacomo.com, Di–Fr 9–12, 15 bis 18 Uhr).

Auf dem Weg vom Castello zum Seidenmuseum kommt man

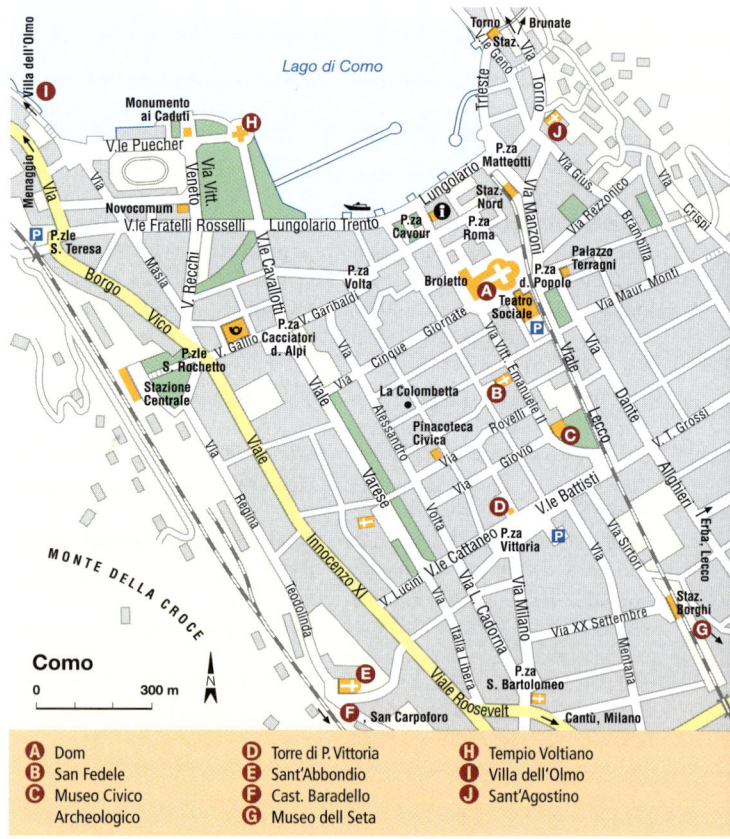

Ⓐ	Dom	Ⓓ	Torre di P. Vittoria	Ⓗ	Tempio Voltiano
Ⓑ	San Fedele	Ⓔ	Sant'Abbondio	Ⓘ	Villa dell'Olmo
Ⓒ	Museo Civico Archeologico	Ⓕ	Cast. Baradello	Ⓙ	Sant'Agostino
		Ⓖ	Museo dell Seta		

am Kindergarten **Asilo Sant'Elia** (1936/37) vorbei, einem weiteren Werk von Giuseppe Terragni im Stil des italienischen Rationalismus (Via Andrea Alciato 15).

Museo Studio del Tessuto

Zum Textilmuseum kommt man von der Piazza Cavour über den Lungolario – wo sich übrigens am abend ganz Como zum Flanieren trifft – nach Westen (Lungo Lario Trento 9, Tel. 0 31 23 32 24, Mo bis Fr 9.30–13, 14–17.30 Uhr nach Voranmeldung). Dort sind 400 Jahre Textilgeschichte in Form von Mustern, Zeichnungen und Entwürfen gespeichert und können auf Computerbildschirmen abgerufen werden.

Novocomum

Auf der Rückseite des Sinigaglia-Stadions lässt sich Terragnis erstes großes Werk bestaunen, das Mietshaus **Novocomum** (1928, Via Sinigaglia 1). Mit Glaszylindern an den Ecken markiert es den Durchbruch rationalistischer Architektur in Italien.

Tempio Voltiano ⓗ

An der Westseite des Hafens zieht der neoklassizistische Tempio Voltiano den Blick auf sich. Er ist dem Physiker und Entdecker Graf Alessandro Volta (1745–1827) gewidmet. Neben Erinnerungsstücken werden von ihm erfundene Batterien gezeigt (Lungo Lario Marconi, Tel. 0 31 57 47 05, April bis Sept. Di–So 10–12, 15–18, Okt.–März 10–12, 14–16 Uhr).

*Villa dell'Olmo ❶

Die westliche Uferpromenade führt am Fußballstadion und einigen schönen klassizistischen Villen vorbei zur imposanten Villa dell'Olmo, einem prächtigen Anwesen, 1782–87 nach Plänen des Tessiners Simone Cantoni in formvollendetem klassizistischen Stil erbaut, verschwenderisch ausgestattet, umgeben von einem großen, öffentlich zugänglichen Park (Apr.–Okt. 9–12 und 15–18 Uhr). Erster hoher Besucher der Villa war Napoleon, der hier seine spätere Gemahlin Joséphine traf. Die Villa dell'Olmo ist zudem Mittelpunkt der kulturellen Aktivitäten in Como. In ihren Räumen finden Konzerte, Theateraufführungen und Ausstellungen statt. Die Villa ist nur während Veranstaltungen zugänglich.

Brunate

Von der Piazza Cavour ausgehend, folgt man dem Lungolario nach Osten bis zur Talstation der Standseilbahn. Diese fährt hinauf zum Villenvorort Brunate, dessen Häuser sich über der Stadt an die Ausläufer des Monte Boletto (1236 m) schmiegen. Von hier genießt man **einen herrlichen Blick über Como und die Bucht**. Ein beschilderter Wanderweg führt an den prachtvollen Domizilen vorbei hinab in die Stadt. Bei der Talstation an der Piazza Amendola, steht **Sant'Agostino ❶**. Die Kirche ist das einzige Beispiel gotischer Bettelordenarchitektur Comos, im 14. Jh. von Zisterziensern begründet, mit spätromani-

schem Portal und Fresken-
schmuck des frühen 17. Jhs.

Info

Ufficio Informazioni e Promozione
Piazza Cavour 17][22100 Como
Tel. 0 31 3 30 01 28
www.lakecomo.com

Hotels

■ **Villa Flori**
Via Cernobbio 12][22100 Como
Tel. 0 31 3 38 20
www.hotelvillaflori.com
In einer gewachsenen Parkanlage mit
herrlichem Blick auf den See und die
Berge bietet die Villa Flori höchsten
Wohnkomfort. ●●●

■ **Metropole Suisse**
Piazza Cavour 19][22100 Como
Tel. 0 31 26 94 44
www.hotelmetropolesuisse.com
Gutes, preisgünstiges Hotel im Zentrum Comos. Restaurant mit Sommer-
terrasse, Bar/Lounge. ●●

■ **Albergo del Duca**
Piazza Mazzini 12][22100 Como
Tel. 0 31 26 48 59
www.albergodelduca.it
Familienbetrieb in einem Gebäude aus
dem 17. Jh. im Stadtzentrum. Helle
und große Zimmer. ●●

■ **Posta**
Via Garibaldi 2][22100 Como
Tel. 0 31 26 60 12
www.hotelposta.net
Schlichte, aber nette Unterkunft im
Zentrum, eingerichtet in einem frühen
Bau Giuseppe Terragnis (1929–31). ●

Restaurants

■ **Hotel Villa Flori**
Via Cernobbio 12][22100 Como
Tel. 0 31 33 82 33

In einer schönen Villa residiert das
Restaurant Raimondi, in dem man
neben den deftigen lombardischen
Spezialitäten unbedingt die Bandnudeln mit Hummerkrabben probieren
sollte. ●●●

■ **Trattoria Del Gesumin**
Via Cinque Giornate 44
22100 Como
Tel. 0 31 26 60 30
Schickes Restaurant in einer ehemaligen Poststation mit hübschem Innenhof und guter Auswahl an Weinen.
●●●

■ **Navedano**
Via Pannilani
22100 Como
Tel. 0 31 30 80 80
 www.ristorantenavedano.it
Eines der beliebtesten Restaurants in
Como ist das Navedano mit rustikalem
Ambiente, einzigartigem Blumen-
schmuck und exzellenter Küche.
●●—●●●

Seide

Waren es zunächst die *Maestri
Comacini*, Baumeister und Steinmetze aus der Region, die Comos
Ruhm in die Welt trugen und über
Jahrhunderte hinweg die lombardische Baukunst prägten, so be-
stimmte später (und heute noch)
die Seide das wirtschaftliche Ge-
deihen. Um 1510 richtete Pietro
Boldoni hier die erste Seidenmanu-
faktur ein; *pura seta di Como* ist
weltweit ein Begriff. In der Region
wird etwa ein Viertel der Weltpro-
duktion verarbeitet: Täglich produziert Como ein Stoffband von rund
250 km Länge!

■ **La Colombetta**

Via Diaz 40][**22100 Como**

Tel. 0 31 26 27 03

www.colombetta.it

Im Restaurant isst man Meeresfrüchte in den mit modernen Gemälden dekorierten Räumen einer ehemaligen Kirche. So geschl. ●●—●●●

■ **Teatro Sociale**

Via Maestri Comacini 8

22100 Como][**Tel. 0 31 26 40 42**

Am Domplatz genießen nicht nur die Künstler des benachbarten Theaters das kunstbetonte Interieur und die regionale Küche. ●●

■ **Crotto del Sergente**

Via Crotto del Sergente 13

22100 Como (Lora)

Tel. 0 31 28 39 11

www.crottodelsergente.it

Gehobenes Speisen im urigen Felsenkeller eines alten Bauernhofes, 3 km vom Zentrum entfernt. Probieren Sie den in Öl gereiften Käse aus dem Valsassina, Gnocchi aus Kastanienmehl, Rinderbacke in Rotwein oder Fischgerichte wie *Missoltini* (getrocknete Alsen aus dem See). Mi. geschl. ●●

Shopping

Armani Factory Shop

Via Provinciale per Bregnano 12

22070 Vertemate][**Tel. 0 31 88 73 73**

Mo–Sa 9.30–19 Uhr. Auf drei Etagen werden ca. 15 km südlich von Como Richtung Mailand Armani-Kollektionen zu Superpreisen angeboten.

Torno

Dass der Lario schon immer ein beliebtes Reiseziel war, zumindest für Betuchte, bezeugen die vielen Villen, die sich zwischen Como und Torno (1500 Einw.) an seinen Ufern reihen. Herausragend ist die *Pliniana, die Pellegrino Tibaldi 1575 für Giovanni Anguissola, den Statthalter von Como, errichtete. Die Villa verzeichnete später nicht nur wechselnde Besitzer, sondern auch verschiedene prominente Besucher. Zu Gast waren u.a. Byron, Stendhal, Napoleon, Liszt sowie Rossini, der hier seine Oper »Tancredi« komponiert haben soll. Ein hübscher Fußweg (ca. 25 Min.) führt von Torno zur Villa, die nur von außen besichtigt werden kann.

Cernobbio 2

In dem eleganten Ferienort Cernobbio reiht sich die **Villa d'Este** in den Reigen berühmter Wohnsitze am Westufer des Lago di Como. Das repräsentative Anwesen mit 10 ha großem Privatpark wurde im 16. Jh. von Pellegrino Tibaldi errichtet. Im Lauf der Jahrhunderte residierten hier ein Kardinal, eine Ballerina, ein napoleonischer General, eine russische Zarin und andere Aristokraten. Zu Beginn des 19. Jhs. ließ Karoline von Braunschweig es dem Zeitgeschmack entsprechend umbauen. Heute ist die Villa d'Este eine der besten Luxushotels des Landes.

Hotels

■ **Grand Hotel Villa d'Este**

Via Regina 40

22012 Cernobbio

Tel. 0 31 34 81

www.villadeste.it

Die Räume in dem prachtvollen Palazzo am See sind noch in der originalen Ausstattung des 18. und 19. Jhs. erhalten und beherbergten gekrönte Häupter ebenso wie Prominenz aus dem Showbusiness. Breites Sportangebot und attraktives Beauty-Center. ●●●

■ **Hotel Posta**

Piazza S. Rocco 5][**22010 Moltrasio**

Tel. 0 31 29 04 44

www.hotel-posta.it

Fast 300 Jahre altes Hotel 3 km nördl. Cernobbio mit 17 Zimmern, die erst kürzlich renoviert wurden, darunter zwei Familienzimmer. ●●

Restaurant

Il Gatto Nero

Loc. Rovenna][**Via Montesanto 69**

Tel. 0 31 51 20 42

Schickes Restaurant oberhalb von Cernobbio mit prominenten Gästen und herrlicher Aussicht. Mo und Di mittags geschl. ●●

Nightlife

Harry's Bar

Piazza Risorgimento 2

22012 Cernobbio

Tel. 0 31 3 34 70 57

Nicht nur George Clooney hat es erkannt: Dies ist ein idealer Ort, um sich mit Freunden zum *aperitivo* zu treffen. Reservierung empfohlen! Di geschl.

Laglio **3**

Hollywoodflair sagt man dem Ort Laglio nach, seit Schauspieler George Clooney für angeblich 10 Mio. Dollar die **Villa Oleandra** (17. Jh) kaufte. Hobby-Paparazzi seien gewarnt: Der Aufenthalt in der Nähe des Eingangs der

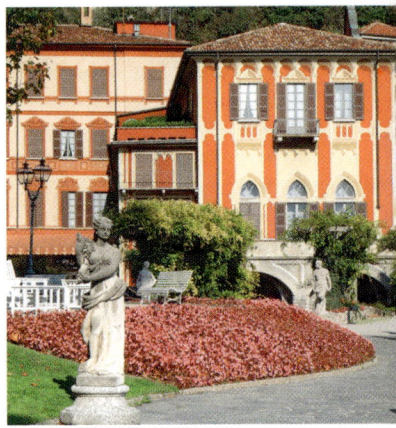

Villa d'Este

25-Zimmer-Villa ist untersagt. Die prachtvolle **Villa Regina** hat Clooney seinem Kollegen Tom Cruise verkauft.

*Val d'Intelvi **4**

Argegno ist Ausgangspunkt für einen Abstecher in das Val d'Intelvi (bis Lanzo 15 km). Das Tal, eingebettet zwischen der Sighignola (1321 m) im Westen, dem Monte Costone (1441 m) im Osten und dem Sasso Gordona (1410 m) im Süden, ist landschaftlich besonders reizvoll und berühmt vor allem als Heimat vieler Baumeister, Steinmetze, Stuckateure und Maler. Die *Maestri Antelami* (so genannt nach dem alten Namen der Talgemeinde) prägten nicht nur über Jahrhunderte hinweg den lombardischen Baustil, sie waren zudem auch in ganz Europa, ja sogar im Nahen Osten tätig. Natürlich haben die *Maestri* auch in ihrer Hei-

mat Spuren hinterlassen. So entdeckt man in der Pfarrkirche von

Echt gut! Scaria **prächtige Stukkaturen** von Diego Carlone und Fresken seines Bruders Carlo Carlone. Ein früher Intelveser unbekannten Namens schuf die Saalkirche Sant'Antonio (12. Jh.) von **San Fedele Intelvi** mit herrlichem romanischen Portal, in der Pfarrkirche von **Castiglione d'Intelvi** (17. Jh.) arbeiteten u.a. Giulio Quaglio und Carlo Carlone.

Bedingt durch die Lage zwischen Comer und Luganer See bieten Wanderungen in diesem Gebiet prächtige Panoramen. Lohnendes Gipfelziel ist der **Sasso Gordona** (1410 m), dessen felsige Pyramide den Talhintergrund von Occagno markant abschließt. Von S. Fedele Intelvi aus führt eine aussichtsreiche Wanderung über Pigra zu den Schutzhütten Rifugio Boffalora (1200 m) und Rifugio Venini (1576 m).

Campingplatz

Pian delle Noci
Via Pradale 2][22024 Lanzo d'Intelvi
Tel. 0 31 83 91 00
www.campingpiandellenoci.it.
Schöner Platz für Erholungssuchende und Wanderer auf knapp 1000 m Höhe. Gutes Sportangebot. ●

Restaurant

Crotto dei Platani
Via Regina 73][22010 Brienno
Tel. 0 31 81 40 38
www.crottodeiplatani.it
Rustikales, aber dennoch elegantes Grotto zwischen Argegno und Brienno mit hervorragender Küche. Im Sommer

speist man auf der Terrasse bei herrlichem Blick über den See. ●●

Isola Comacina

Unmittelbar vor Sala Comacina liegt die einzige Insel des Comer Sees, die Isola Comacina, rund 600 m lang und bis zu 200 m breit. Älteste Siedlungsspuren reichen bis in die Römerzeit zurück; im Mittelalter muss hier ein blühendes Gemeinwesen existiert haben. Die Insel war stark befestigt, und man zählte fünf Kirchen. Im Jahr 1169 kam dann das schreckliche Ende für *Crisopoli*, die Goldene Stadt, wie der Volksmund die Insel wegen ihres Reichtums nannte: Es war Comos Rache für den Pakt zwischen der Isola und Mailand im zehnjährigen Krieg (1118–1127). Nur noch Mauerreste von der romanischen Basilika Sant'Eufemia haben die Jahrhunderte überdauert. Jeweils zur Johannisnacht (24. Juni) findet zum Gedenken an den Untergang von *Crisopoli* eine **Boots-prozession mit Festessen** statt **Echt gut** (direkte Schiffsverbindungen ab Sala Comacina, Argegno, Lenno, Tremezzo und Lezzeno).

Restaurant

Locanda dell'Isola
Isola Comacina][Tel. 0 34 45 50 83
www.comacina.it
12–14, 19–21.30 Uhr, März–Okt., Di geschl. **Legendäres Inselrestaurant**, **Echt gut** das für Fischspezialitäten und illustres Publikum bekannt ist. Seit 1947 wird ein inhaltlich unverändertes 6-Gänge-Menü aufgetischt. ●●●

Ossuccio 5

Der Ort am Eingang ins Val Perlana umfasst mehrere Ortsteile. Wahrzeichen der stattlichen Gemeinde ist die Kirche **Santa Maria Maddalena**, ein schlichter romanischer Bau im Ortsteil Ospedaletto. Ungewöhnlich ist der Campanile, der im 14. Jh. ein reich gegliedertes Glockengeschoss aus Backstein aufgesetzt bekam. Auch der Glockenturm von **San Giacomo** (12. Jh.) im Ortsteil Spurano wurde später aufgesetzt. Die Freskenreste im Innern des Gotteshauses stammen vermutlich aus der Bauzeit.

Kunst- und Naturgenuss verbinden sich bei einem Aufstieg auf den *****Sacro Monte** (UNESCO-Weltkulturerbe, http://whc.unesco.org/en/list/1068, ❯ S. 72, 85) über die Via Crucis zur Wallfahrtskirche **Madonna del Soccorso** (419 m) aus dem 17./18. Jh. Wundervoll ist von dort der Blick über den See, auf Bellagio und zu den Grigne; nicht zu übersehen der Dosso di Lavedo (332 m), jene bewaldete Halbinsel, die zwischen Ossuccio und Lenno in den See hinausragt, und an deren Spitze sich die Villa del Balbianello (s. rechts) befindet.

Hinauf zur Wallfahrtskirche führt auch eine Straße (2 km). Der weitere Weg ins **Val Perlana** ist dann Wanderern vorbehalten. Kunstliebhaber werden zumindest bis **San Benedetto** (701 m, 1 Std.) gehen, um einen Blick auf die dreischiffige romanische Kirche zu werfen (11. Jh.).

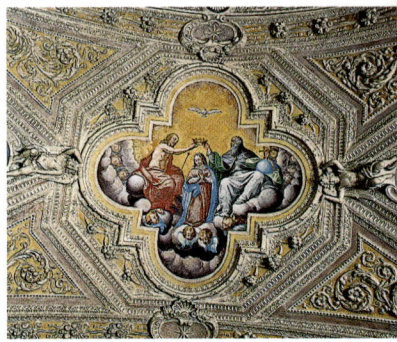
Kirche Madonna del Soccorso

Lenno 6

Lenno, das sich an die kleine Bucht nördlich des Dosso di Lavedo schmiegt, besitzt eine sehenswerte Kirche: **Santo Stefano**, im 16./17. Jh. stark umgebaut, ist in den Ursprüngen vermutlich langobardisch. Die Hallenkrypta gehört zu einer romanischen Basilika des 11. Jhs. Unter der Kirche wurden Reste römischer Thermen entdeckt. Ob sie allerdings mit der Comoedia, einer der beiden berühmten Villen von Plinius dem Jüngeren, in Verbindung stehen, erscheint fraglich. Das achteckige Baptisterium wird auf das 11. Jh. datiert.

Am Südende der Uferpromenade führt ein Fußweg (1 km) zur **Villa del Balbianello.** Ende des 18. Jhs. von Kardinal Durini erbaut, war sie häufig Schauplatz rauschender Feste. Zu besichtigen sind die meisterhaft gestaltete Gartenanlage sowie die Villa mit der Sammlung außereuropäischer Kunst des Bergsteigers, Forschungsreisenden und letzten Be-

sitzers Guido Monzino (1928–1988). Ergänzend sind Artefakte seiner mehr als zwanzig Expeditionen (u.a. zum Nordpol und zum Mount Everest) zu sehen. In jüngster Zeit wurde das Gebäude zum Drehort der Hollywood-Produktionen »Ocean´s Twelve« und »Casino Royale«. (Via Comoedia, 22016 Lenno, Tel. 0344-561 10, Mitte März bis Mitte Nov. 10–18 Uhr, tägl. außer Mo, Mi, Führung obligatorisch, Reservierung empfohlen; alternativ auch per Schiff erreichbar).

Der kleine Ort **Mezzegra** oberhalb von Lenno ging am 28. April 1945 in die Geschichte ein: Nachdem man sie auf der Flucht in Dongo › S. 128 gefangen genommen hatte, wurden Mussolini und seine Geliebte Claretta Petacci hier vor der Villa Belmonte von kommunistischen Partisanen erschossen. Die Leichen wurden danach auf der Piazza Loreto in Mailand zur Schau gestellt.

Hotels

■ **Hotel San Giorgio**
Via Regina 81][22016 Lenno
Tel. 0 34 44 04 15
www.sangiorgiolenno.com
Geschmackvolle Villa mit altem Mobiliar, großem Garten und kleiner Badebucht am See. ●●●

■ **Albergo Lenno**
Via Lomazzi 23][22016 Lenno
Tel. 0 34 45 70 51
www.albergolenno.com
Schickes Mittelklassehotel mit Belle Époque-Fassade, direkt an der Schiffsanlegestelle. Zimmer mit Balkon oder Terrasse, Seeblick, stilvollen Möbeln

und Marmorbad. Ein Tipp sind die geräumigen Mansardenzimmer für bis zu sechs Personen. ●●

Restaurant

Trattoria Santo Stefano
Piazza 11 Febbraio 3][22016 Lenno
Tel. 034455434
www.santostefano.too.it
Gegenüber vom Baptisterium kann man in familiärem Ambiente exzellent zubereiteten Fisch genießen. Im Winter steht zusätzlich Wild auf der Karte. ●●

Nightlife

Lido di Lenno Beach Bar
Via Comoedia 1][22016 Lenno
Tel. 0 34 45 70 93
www.lidodilenno.com
Di–So tgl. ab 22 Uhr
Der Ort, um eine laue Sommernacht mit einem Hauch Exotik zu verbringen. Sehr schön sitzt man am Sandstrand auf bequemen Kissen unter weißen Stoffbaldachinen oder im Freien.

*Tremezzo und Cadenabbia 7

11 In den beiden noblen Ferienorten herrscht fast immer Hochbetrieb, vor allem um die **Villa Carlotta** in Tremezzo. Das liegt an dem herrlichen Garten, der den Ruhm der Villa in alle Welt getragen hat. Auf mehreren, zum See hin abfallenden Terrassen öffnet sich eine exotische Parklandschaft mit Lotusteichen, Buchs- und Lorbeerhecken, Zitrushainen, Rosenspalieren sowie Jasminbüschen und Zypressen, vor deren dunklem Grün sich

weiße Statuen und Säulen effektvoll abheben. Die Villa, im Kern eine barocke Anlage (1747), erhielt ihr klassizistisches Äußeres zu Beginn des 19. Jhs. 1856 wurde sie an Prinzessin Marianne von Preußen verkauft, die sie ihrer Tochter Charlotte als Hochzeitsgeschenk vermachte. Nach wie vor beeindrucken die kostbar ausgestatteten Räume, darunter der Große Marmorsaal, und die Kunstsammlung mit Werken von Canova und Thorvaldsen (Via Regina 2, 22019 Tremezzo, Tel. 0 34 44 04 05, www.villacarlotta. it, Mitte März – Okt. tgl. 9 bis 16.30 Uhr, Apr.–Sept. bis 18 Uhr; im Frühling und Sommer Konzerte).

Info

I.A.T. (Informazioni e
di Accoglienza Turistica)
Via Regina 3][22019 Tremezzo
Tel. 0 34 44 04 93

Griante

Wer nach dem Trubel der Urlaubshochburgen etwas Erholung braucht, der sollte den kleinen Spaziergang landeinwärts nach Griante unternehmen: Dort findet man Ruhe, malerische Winkel, alte Gemäuer, und vom Kirchlein **San Martino** (457 m; ¾ Std.), das auf einem Felsvorsprung hoch über dem Flecken thront, bietet sich ein bezaubernder Blick auf den See und seine Kulisse. Entspannung fand hier auch Ex-Bundeskanzler Konrad Adenauer, der seinen Urlaub re-

gelmäßig in der **Villa la Collina** (Via Roma 11) verbrachte. Politiker und berühmte Persönlichkeiten zählten dabei zu seinen Gästen. Heute befindet sich im Gebäude das europäische Begegnungs- und Konferenzzentrum der Konrad-Adenauer-Stiftung

12 ****Bellagio** **8**

Mit der Autofähre kann man ans andere Ufer übersetzen und landet in Bellagio, dem Logenplatz an der Gabelung zwischen Comer See und Lago di Lecco, haben Mensch und Natur wahre Meisterweke geschaffen – grandios das Panorama, die Villen und die Gärten. *Bilacus* nannten die Römer ihre Siedlung, zwischen den Seen. Die Einheimischen halten es eher mit dem klingenden Namen *bello-lago*. Die Villen und Gärten von Bellagio strahlen noch die Grandezza und Noblesse des 19. Jhs. aus: ein Ort, an dem allein die Schönheit regiert – und die Besucher, die zum Genießen kommen. Stilgerecht per Schiff nähert man sich der Punta Spartivento genannten Landzunge.

Der winzige *Borgo*, der Altstadtkern, liegt auf der Westseite der Halbinsel. Über enge Treppengässchen steigt man von der Seepromenade hinauf zur Pfarrkirche **San Giacomo**. Der dreischiffige romanische Bau mit seinem im 17. Jh. umgestalteten Turm bewahrt eine ausdrucksstarke »Grablegung«, die Perugino zugeschrieben wird und um 1500 entstanden sein soll.

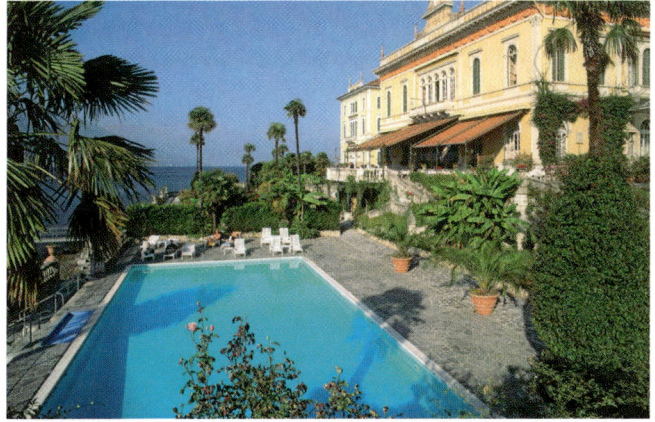

Architektonisches Prachtstück: die Villa Serbelloni in Bellagio

Villa Giulia und
*Villa Serbelloni

Doch was wäre Bellagio ohne seine Villen und Parks? Manche blicken auf eine wechselvolle Geschichte zurück, wie etwa die Villa Giulia auf der Ostseite der Landzunge, einst Residenz des belgischen Königs Leopold I. (in Privatbesitz).

Auf dem Hügel über dem Ort liegt das heutige Grand Hotel Villa Serbelloni, ein stattlicher Bau, der im Kern noch aus der Renaissancezeit stammt. Ende des 18. Jhs. ließ Alessandro Serbelloni das Gebäude klassizistisch umgestalten und einen riesigen **Park anlegen. Dieser ist heute im Besitz der Rockefeller Foundation und kann besichtigt werden (Führungen Ostern–Okt. Di–So 11 und 15.30 Uhr).

*Villa Melzi

Den Eingang zum zweiten großen Park von Bellagio, dem der Villa Melzi, findet man im Ortsteil Loppia an der Straße nach Como. Der kühl-klassizistische Bau von 1815 wurde von Giacomo Albertolli für Francesco Melzi d'Eril erbaut, der damals Vizepräsident der Cisalpinischen Republik unter Napoleon war. Der ausgedehnte **Park (Lungolario Manzoni, Tel. 0 33 94 57 38 38, April–Okt. tgl. 9–18 Uhr, www.giardinidivillamelzi.it) bezaubert durch seinen überbordenden Reichtum an exotischen Pflanzen. Dem Zeitgeist der Romantik entsprechen die zahlreichen Statuen und Skulpturen im Park; ein »Nymphensee« fehlt ebenso wenig wie eine künstliche Grotte und ein maurischer Tempel.

Info

I.A.T.
Piazza Mazzini
22021 Bellagio
Tel. 0 31 95 02 04
www.bellagiolakecomo.com

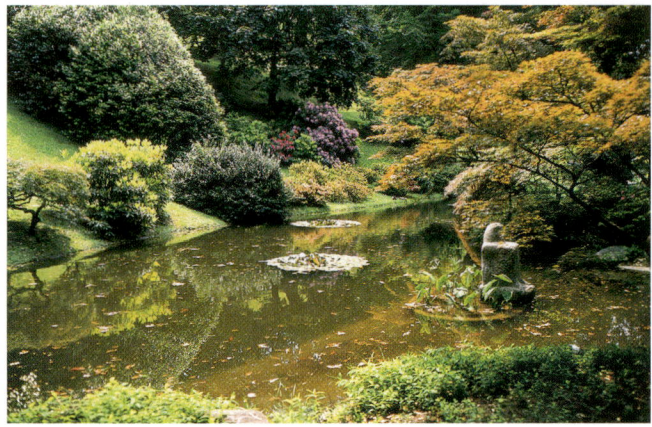

Exotische Pflanzenwelt: der Park der Villa Melzi in Bellagio

Hotels

🟥 **Grand Hotel Villa Serbelloni**
Via Roma 1
22021 Bellagio
Tel. 0 31 95 02 16
www.villaserbelloni.com
Romantisches Luxushotel in einer neoklassizistischen Villa direkt am Comer
See, das Pracht und Charme vergangener Zeiten ausstrahlt. Hervorragend ist
das Restaurant, bezaubernd der Blick
von der Terrasse. ●●●

🟥 **Du Lac**
Piazza Mazzini 32
22021 Bellagio
Tel. 0 31 95 03 20
www.bellagiohoteldulac.com
Fünfgeschossiges Haus in herrlicher
Lage direkt am See. Nettes Ambiente,
sehr gute Küche und freundlicher Service. ●●●

🟥 **Fioroni**
Viale D. Vitale 2][**22021 Bellagio**
Tel. 031 95 03 92
www.hotelfioroni.com
Informelles Ambiente, vorwiegend jun-
ges Publikum. ●●

Restaurant

Ristorante Mistral
Via Roma 1][**22021 Bellagio**
Tel. 0 31 95 64 35
www.ristorante-mistral.com
==Ettore Bocchias Küche gilt als Ver-
suchslabor italienischer Molekular-
küche==, und das Degustationsmenü
verrät die Vielfalt der Möglichkeiten.
März–Nov., Mi geschl. ●●●

Echt
gut!

Ausflug ins Vallassina 9

Eine Kostprobe der traumhaften
See- und Bergkulisse vermittelt
die Fahrt auf kurvenreicher, aber
gut ausgebauter Straße hinauf zur
Radfahrer-**Wallfahrtskirche Madonna del Ghisallo** (755 m;
10 km) via **Civenna** (627 m), einen reizvoll über dem Ostarm des
Lario gelegenen Ferienort. Die
der Schutzpatronin der Radfahrer
geweihte Kirche im Bergdorf
Magreglio birgt einen ebenso

wundersamen wie originellen Schatz an Ex-Votos, Danksagungen an die Madonna, darunter Trikots und Fahrräder der italienischen Radsportstars Alfredo Binda, Gianni Motta, Fausto Coppi, Francesco Moser, Ercole Baldini, Gino Bartali, Marco Pantani und Mario Cipollini. Man erreicht nun das reizvolle Voralpental Vallassina mit dem Hauptort **Asso**. Schönster Aussichtsgipfel im Dreieck zwischen Como, Lecco und Bellagio ist der *Monte San Primo (1686 m) mit weitreichendem Panorama. Den Aufstieg von Norden verkürzt eine Zufahrt (8 km) auf ca. 2 Std., die bei Guello von der Ghisallo-Straße abzweigt (markierter Weg).

Menaggio ⑩

Der hübsche Ort liegt auf einer kleinen Landzunge an der Mündung des Val Sanagra. Hier zweigt die wichtige Verbindungsstraße nach Lugano ab, was dem beliebten Ferienort (vor allem im Sommer) ein permanentes Verkehrschaos beschert. Schön ist die Promenade am Hafen, und wer einen Stadtrundgang unternimmt, sollte einen Blick in die **Pfarrkirche Santo Stefano** werfen.

Ruhiger ist das Hinterland mit schönen Ausflugs- und Wanderzielen. Vom Weiler **Croce** (392 m) aus rasch zu erreichen ist die **Crocetta a Specchi** (505 m). Von dort bietet sich ein schöner Blick über den See mit seiner Gebirgskulisse. In etwa 1 Std. besteigt man den **Sasso di San Martino** (862 m)

mit herrlicher Panoramasicht. Eine Serpentinenstraße führt nördlich nach Plesio (595 m) und weiter bis **Breglia** (749 m) mit dem Kirchlein Madonna di Breglia und dem Aussichtspunkt Belvedere San Domenico (820 m). Für Wanderer ist Breglia Ausgangspunkt für Touren zum Rifugio Menaggio (1400 m) und zum Bergstock des Monte Grona (1736 m, 3,45 Std.) sowie zum Monte Bregnano (2107 m, 6 Std.).

Info

Piazza Garibaldi 8
22017 Menaggio][Tel. 0 34 43 29 24
www.menaggio.com

Pianello del Lario ⑪

Das Hinterland von Pianello del Lario wird von einem strengen und alpinen Landschaftscharakter mit hohen, oft schneebedeckten Bergkämmen bestimmt. Kurze Mountainbike-Routen führen zur **Berghütte Labbio** (1086 m) und zu den **Monti Gioan** (791 m). Bergwanderer besteigen den **Monte Bregnano** (2107 m).

Dongo ⑫

Der kleine Ort liegt am Eingang zum **Val Dongana**, in dem früher Erz abgebaut wurde. Die Gruben sind längst geschlossen, die Eisen verarbeitende Industrie dagegen besteht noch. Zum Erliegen gekommen ist auch der einst rege Saum- und Schmuggelverkehr

über den Passo di San Jorio (2014) ins Tessin. Heute erkunden Bergwanderer von hier aus die landschaftlich reizvolle, **weitgehend unberührte italienisch-schweizerische Grenzregion** und Mountainbiker pedalieren zur Berghütte Rifugio Il Giovo (1706 m).

cht gut!

Gravedona 13

In Gravedona am oberen Comer See steht am Ufer steht der massige **Palazzo Gallio**, 1583 nach Plänen von Pellegrino Tibaldi auf den Fundamenten eines geschleiften Kastells errichtet. Kunsthistorisch bedeutsamer sind die Kirchen: ***Santa Maria del Tiglio** und die benachbarte Kirche **San Vincenzo** (11. Jh., im 17./18. Jh. umgebaut). Die *Heilige Maria zur Linde* ist eine der bedeutendsten romanischen Kirchen am Comer See. Die Fassade wird dominiert von dem hohen, oben achteckigen Turm. Im Innern breitet ein monumentaler Christus (13. Jh.) weit seine Arme aus. Über dem Ort

thront **Santa Maria delle Grazie** aus dem Jahr 1467 mit schönen Wandmalereien (15./16. Jh.) im Kreuzgang.

Restaurant

Al Ponte
Via Regina Levante 90
22015 Gravedona][Tel. 0 34 48 52 23
Hier gibt es excellente Pizzen. ●●—●

Domaso 14

Der Südwind Breva und der aus Norden wehende Tivano machen Domaso zum Szenetreff der Wind- und Kitesurferszene, mit einem großen Angebot an Campingplätzen. Der lange Strand an der Mündung des Livio trägt zur Beliebtheit des Ferienortes bei.

Campingplatz

Camping Le Vele
Via Case Sparse 244
22013 Domaso
Tel. 03 44 96 50 49
Einer der besten Plätze in Domaso, am Kiesstrand (mit Liegewiese) gelegen. ●

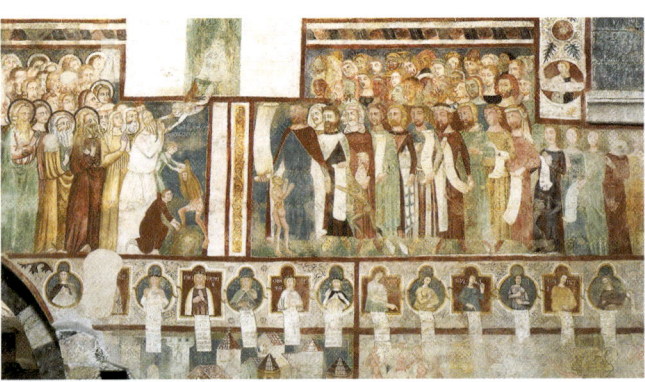

Freskenschmuck in der Kirche Santa Maria del Tiglio in Gravedona

Sorico 15

Die nördlichste Ortschaft am Comer See liegt an der Mündung der Mera. Gegenüber erstreckt sich die **Piano di Spagna**, eine von Wanderwegen durchzogene Ebene. Zusammen mit dem kleinen **Lago di Mezzola** steht sie als Naturreservat unter Schutz. Von **Gera Lario** führen Mountainbike-Routen zur Alpe di Mezzo, zum Montalto und zum Pighe.

Campingplatz

La Riva

Via Poncione 3][**22010 Sorico**
Tel. 0 34 49 45 71
www.campinglariva.com
Gepflegter Platz in schöner Lage mit Pool (März – Okt.).

Colico 16

Nördlichste Ortschaft am Ostufer des Sees ist Colico. Wind- und Kitesurfer kommen gerne hierher und nutzen den lokalen Südwind (Breva), der vom späten Vormittag bis abends beständig weht.

Die schroffen Berge rundum verleihen der Landschaft hier einen herb-alpinen Zug. Gut in dieses Bild fügen sich die Ruinen des **Forte di Fuentes** auf dem Montecchio nordöstl. von Colico ein. Sie stammen von einer 1782 bzw. 1786 durch die Franzosen geschleiften Festung, die der Spanier Graf Fuentes (Anfang des 17. Jhs. Gouverneur des Herzogtums Mailand) zur Grenzsicherung gegen die Schweizer anlegen ließ. Weitgehend intakt ist hingegen das benachbarte **Forte Montecchio** aus dem Ersten Weltkrieg. Hier kann man im Rahmen einer Führung die vier größten italienischen Kanonen bestaunen (Tel. 03 41 94 16 88 26, März–1. Nov. Sa 14–17, So, Fei 10–18, Aug. Mo–Sa 14–18, So 10–18 Uhr).

Im Hinterland von Colico führen ab Maggioreno Wanderwege zu den Berghütten Scoggione (1575 m, 2,5 Std.) und Roccoli Lorla (1469 m, 4 Std.). Geübte Wanderer können auch den Monte Legnone (2609 m, 7 Std.) besteigen, Mountainbiker fahren zur Alpe Rossa (1134 m).

Hotel

Risi
Lungolago Polti 1
Tel. 03 41 93 30 89
www.hotelrisi.it
Komfortables Hotel an der Seepromenade unter dem aufmerksamen Regime der Deutsch sprechenden Signora. Sehr zuvorkommender Service. ●●

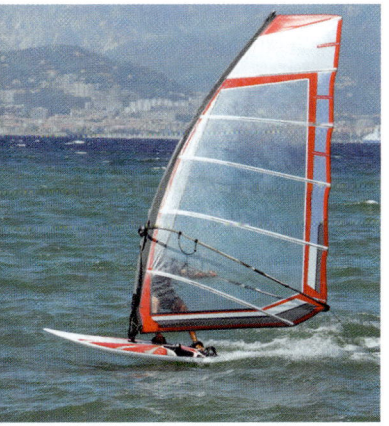
Kite- und Windsurfer in Colico

Surfen/Mountainbike

Son of a Beach
Via Montecchio Nord][**23823 Colico**
Tel. 0 38 94 63 78 73
www.windsurf-colico.com
Surfschule mit Verleih, auch geführte
Mountainbiketouren und Kajaktouren.

*Abtei
von Piona **17**

Romantisch auf der Spitze einer
Halbinsel steht die ***Abtei von Piona**. San Nicolò, eine einfache
Hallenkirche mit halbrunder Apsis und offenem Dachstuhl, wurde
1138 geweiht, der Kreuzgang Mitte des 13. Jhs. Ursprünglich im
11. Jh. von Cluniazensern besiedelt, wurde Piona im 15. Jh. eine
Ordenspfründe und verfiel. Heute
wohnen in der Abtei Zisterzien-
ser, die einen **vorzüglichen Kräu-
terlikör** herstellen (9.15–11.45,
14.15–17.45 Uhr). Er und andere
Produkte wie Honig und Kräuter-
tees werden im **Klosterladen** am
Eingang verkauft.

Hotel

Villa Colico
Via Nazionale 100][**23823 Colico**
Tel. 03 41 93 04 90
www.villacolico.it
Stilvolles kleines Designerhotel am
Weg zum Kloster. ●●

Bellano **18**

Auch hier findet man den für die
Region typischen engen Dorf-
kern. Die Kirche **Santi Nazaro e
Celso** wurde Mitte des 14. Jhs.

von Baumeistern aus Campione
und dem Intelvi-Tal errichtet.
Eine Fensterrose ziert die
schwarzweiß gestreifte Fassade.
Hauptattraktion Bellanos ist der
Orrido, die wildromantische
Klamm des Pioverna-Bachs (Info
bei der Gemeindeverwaltung Tel.
03 41 82 11 24, April–Sept. 10 bis
13, 14.30–19, Juli/Aug. auch 20.45
bis 22 Uhr, Okt.–März Sa, So und
Fei 10–12.30, 14.30–17 Uhr).

Restaurant

Cavallo Bianco
Via Vittorio Veneto 29
23822 Bellano][**Tel. 0 31 82 11 01**
Beliebtes Restaurant mit Seeterrasse.
Leckere Pizzen. ●

*Varenna **19**

Varenna liegt an der breitesten
Stelle des Sees (4,5 km). Kurz vor
dem Ortseingang liegt links am
See die **Villa Monastero** mit ihrem prächtigen Park. Idyllische
Wege und Treppen führen durch
die terrassierte Anlage mit ihrer
Vielzahl exotischer Bäume, vorbei
an Balustraden, Statuen, Brunnen
und kleinen Tempeln. Der Bau
geht auf ein Nonnenkloster zurück, das 1208 von Zisterziense-
rinnen gegründet und 1567 vom
hl. Karl Borromäus (angeblich
wegen Sittenverfalls) aufgelöst
wurde. Nach mehreren Besitzer-
wechseln und Umbauten ging die
prunkvoll ausgestattete Villa im
Jahr 1953 in Staatsbesitz über
(www.villamonastero.org, April–
Okt. tgl. 9–18, Juni bis Sept. bis
19 Uhr).

cht
gut!

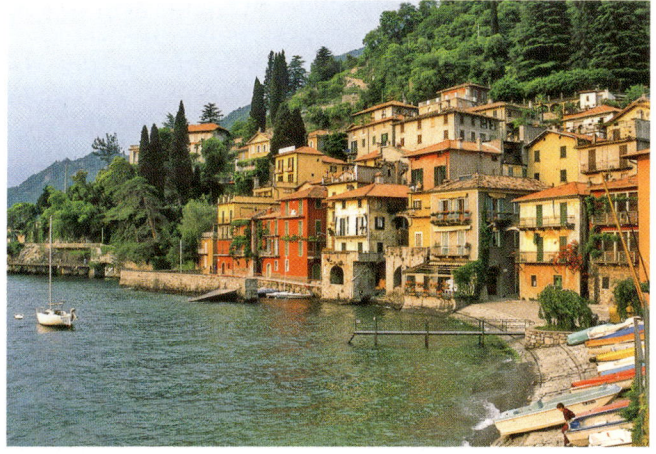

Das pittoreske Varenna liegt an der breitesten Stelle des Comer Sees

Der Ortskern wird überragt vom Turm der Pfarrkirche **San Giorgio**. Die Fassade der um 1300 erbauten Basilika (mehrfach umgestaltet) ziert eine Freskenmalerei des 14. Jhs. mit dem Bildnis des hl. Christophorus. Das V**ogelmuseum** zeigt mehr als 400 in der Comer-See-Region heimische Arten (Via IV Novembre 7, April–Okt. Sa, So 10–12.30, 16.30–19.30 Uhr).

Ein Kuriosum ist der **Fiumelatte**, der Milchbach, wenige Kilometer südlich von Varenna. Er entspringt etwa bei km 20 oberhalb der Bahnlinie und mündet nach nur 250 m in den See. Das milchige Gewässer sprudelt aufgrund eines geologischen Phänomens vom Frühjahr bis zum Herbst: Das Schmelzwasser in den Grigne sickert durch den Kalkfelsen und tritt dann nur wenig oberhalb des Seespiegels durch eine Grotte wieder zu Tage.

Info

Proloco Varenna
Via IV Novembre 7][23829 Varenna
Tel. 03 41 83 03 67
www.varennaitaly.com

Hotel

Villa Cipressi
Via IV Novembre 18
23829 Varenna
Tel. 03 41 83 01 13
www.hotelvillacipressi.it
Exklusives Hotel in historischem Gebäudekomplex (15.–19. Jh.) mit individuell eingerichteten Zimmern. Terrassierte Gärten zum See. ●●—●●●

Restaurant

Vecchia Varenna
Contrada Scoscesa 10
23828 Varenna][Tel. 03 41 83 07 93
www.vecchiovarenna.it
Die ausgezeichneten Fischgerichte lässt man sich am besten auf der Terrasse am See servieren. Mo geschl. ●●

*Esino Lario 20

Im Hinterland von Varenna liegt die Pfarrkirche **Esino Lario,** die man zu Fuß über einen Kreuzweg erreicht. Von oben (912 m) bietet sich ein weiter Blick nach Westen bis zum Luganer See. Historische und geologische Funde aus der Gegend zeigt das **Museo delle Grigne** im Gebäude des Verkehrsvereins (Piazza del Municipio, Juli/Aug. tgl. 16–19 Uhr sowie nach Voranmeldung unter Tel. 03 41 86 01 11, www.museodelle grigne.it).

Mandello del Lario 21

Berühmt geworden ist Mandello del Lario vor allem durch die Motorräder der Firma Moto Guzzi, gegründet 1921, die über Jahrzehnte hinweg auf den Rennstrecken Europas erfolgreich waren.

Im **Werksmuseum** ist auf zwei Etagen die Unternehmensgeschichte dokumentiert. Über 150 Motorräder und Motoren zeugen von der Entwicklung der legendären Marke, darunter auch das erste Motorrad von Carlo Guzzi (1919), die weltberühmte Otto Cilindri (500 ccm, 1957) des Designers Giulio Cesare Carcano sowie die Airone, das meistverkaufte Mittelklassemotorrad Italiens zwischen 1939 und 1957 (Via Parodi 57, Tel. 03 41 70 91 11, Mo–Fr 15–16 Uhr, Eintritt frei).

Bei Duilio Agostini Concessionaria Moto Guzzi (Via Statale 60, 23826 Mandello del Lario, Tel. 03 41 73 54 48, www.guzzirent.it.) kann man die legendären Motorräder für eine Stunde oder mehrere Wochen mieten. Echt gut!

Neben PS-starker Technik hat Mandello aber auch Kunsthistorisches zu bieten: die Pfarrkirche **San Lorenzo** mit Baubestand des 9., 12. und 17. Jhs., alte Bürger-

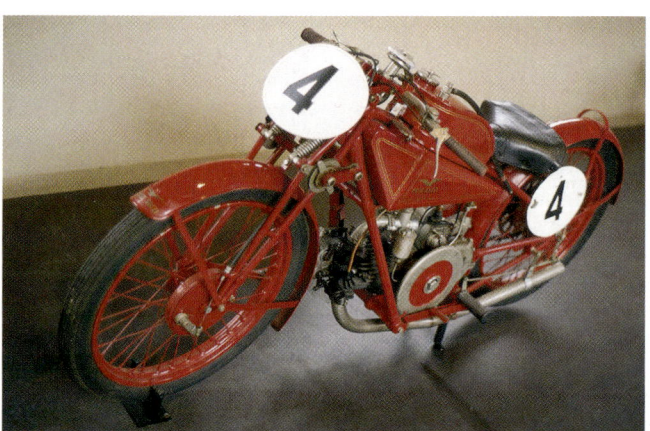
Höhepunkt für Motorradliebhaber im Moto Guzzi-Werksmuseum

häuser mit Arkadengängen und die reich ausgestattete Kirche **Madonna del Fiume** (1642), eine der geglücktesten Barockschöpfungen der Region. In die naiv wirkende Farben- und Formenwelt des Spätmittelalters entführt das Kirchlein **San Nicolò** (15. Jh.), das am Ortseingang wenig oberhalb der Straße steht.

Sali e Tabacchi
Piazza San Rocco 3
22010 Mandello del Lario-Maggiana
Tel. 03 41 73 37 15
Osteria mit Bar und Tabakladen in den Räumen einer alten Bäckerei. Je nach Jahreszeit werden Spezialitäten wie Tortino mit Bittokäse und Steinpilzen und Tagliolini mit Missoltini (Fisch aus dem See) serviert. Mo/Di geschl. ●

Abbadia Lariana 22

Der Name des Ortes am Ostufer des Lago di Lecco, dem östlichen Arm des Sees, weist auf ein ehemaliges Benediktinerstift hin. Alte Bausubstanz hat sich vor allem in den höher gelegenen Ortsteilen erhalten. Einen hübschen Ausblick bietet der Monte di Borbino (486 m; 30 Min.).

In der alten Seidenfabrik hat man das **Civico Museo Setificio Monti** (Seidenmuseum) eingerichtet, dessen Herzstück eine wasserbetriebene Seidenspinnmaschine bildet, die größte ihrer Art in Europa (Via Nazionale 93, So und Fei 10–12, Mi und Fr 14.30–18.30 und Do 9–13 Uhr, sonst nach Voranmeldung, Tel. 03 41 73 12 41 oder 03 41 70 03 81, www.museoabbadia.it).

Im Seidenmuseum kann man sich nach Adressen von Fabriken erkundigen, die Seide im Direktverkauf zu recht günstigen Preisen vertreiben.

Park Hotel
Via Nazionale 142
23821 Abbadia Lariana
Tel. 03 41 70 31 93
www.parkhotelabbadia.com
Vier-Sterne-Hotel im Ortskern mit freundlicher Atmosphäre.
●●●–●●

Camping Spiaggia
Via al Campeggio 5
23821 Abbadia Lariana
Tel. 03 41 73 16 21
www.campingspiaggia.com
Hübsch gelegener Campingplatz mit Kiesstrand. ●

Lecco 23

Von der einstigen Schönheit der Stadt und vom historischen Siedlungskern ist nur noch wenig erhalten, Industrieanlagen und Neubauten bestimmen heute das Bild der Provinzstadt. Auch wenn die Geburtstadt des großen italienischen Romanciers der Romantik, Alessandro Manzoni (1785 bis 1873, › S. 135) nur wenige Höhepunkte bietet, rechtfertigt die wanderbare Bergwelt um die Stadt einen längeren Aufenthalt.

Vermutlich war Lecco schon in prähistorischer Zeit besiedelt. Sicher ist, dass die Stadt von den Römern erobert wurde. Die späteren Herren, die Langobarden, die Franken, die Mailänder Bischöfe, die Visconti und Sforza bis hin zu den Spaniern, bescherten Lecco ein wechselvolles Schicksal Erst unter den Habsburgern setzte ein kontinuierlicher Aufschwung ein. Mit der beginnenden Industrialisierung gewannen die Seidenindustrie und später dann die Metallindustrie mehr und mehr an Bedeutung. Die Metallindustrie ist noch heute wichtigster Wirtschaftszweig der Stadt.

Altstadt

Der alte Siedlungskern liegt im Rücken einer kleinen Seebucht nahe des Adda-Abflusses. weithin sichtbar überragt vom 96 m hohen Turm des im 19. Jh. klassizistisch umgestalteten **Doms**. Die engen, teilweise autofreien Gassen zwischen der Via Cavour und dem Lungolago laden mit ihren Geschäften, die außer den neuesten Modekreationen auch lombardische Spezialitäten anbieten, zum Flanieren ein.

Bauten der Visconti

In die Südwestecke der Piazza XX Settembre ist die zinnengekrönte **Torre Viscontea** eingebunden, ein Überrest der von den Visconti errichteten Festung aus dem 15. Jh. Auf der Piazza XX Settembre findet jeden Mittwoch und Samstag ein bunter **Markt** statt.

Auf die Zeit der Visconti geht auch der zwischen 1336 und 1338 errichtete **Ponte Azzone Visconti** zurück, welcher die Adda unterhalb der verkehrsreichen Kennedy-Brücke überspannt.

Villa Manzoni

Im Ortsteil Caleotto steht die Villa Manzoni, ein klassizistischer Bau des 18. Jhs., in dem Alessandro Manzoni (1785–1873) seine Jugend verbrachte. Im Erdgeschoss erinnert das **Museo Manzoniano** an den berühmten Dichter. Die **Galleria Comunale d'Arte** im 1. Stock zeigt eine Gemäldesammlung mit Werken des 17./18. Jhs. und zeitgenössischer Künstler (Via Guanella 7, Tel. 03 41 48 12 47, Di–So 9.30 bis 17.30 Uhr, www.museilecco.org).

Museo di Storia Naturale

Ungleich älter sind die Exponate, die das Museum für Naturgeschichte im Palazzo Belgiojoso (18. Jh.) präsentiert: Gesteine und Versteinerungen aus den Bergen der Umgebung. Das Museo Archeologico zeigt vorgeschichtliche und römische Funde, darunter ein kostbares Relief aus dem 1. Jh. v. Chr., während in den Sale della Resistenza Dokumente aus der Zeit der Unabhängigkeitskämpfe aufbewahrt werden (Corso Matteotti 32, Tel. 03 41 48 12 48, Di bis So 9.30–14 Uhr, Eintritt frei).

Maggianico

Kunstfreunde sollten auch der Pfarrkirche im Vorort Maggiani-

co einen Besuch abstatten: Sie ist mit mehreren Gemälden von Bernardino Luini und Gaudenzio Ferrari ausgestattet.

Info

Ufficio Informazioni Turistiche Lecco
Via Nazario Sauro 6][23900 Lecco
Tel. 03 41 29 57 20
www.turismo.provincia.lecco.it

Hotel

Hotel San Gerolamo
Via San Gerolamo 56
23808 Vercurago
Tel. 03 41 42 04 29
www.hotelsangerolamo.it
Familiär geführtes Drei-Sterne-Hotel am Lago di Garlate, 5 km südlich von Lecco. 10 geräumige Zimmer und 4 Appartements, beliebtes Restaurant mit einer Auswahl von mehr als 300 Weinsorten. ●●

Restaurant

■ **Ristorante al Porticciolo**
Via Fausto Valsecchi 5
23900 Lecco
Tel. 03 41 49 81 03
Ein Feinschmeckerlokal, das man so schnell nicht vergisst. ●●●
■ **Antica Osteria Enoteca Casa di Lucia**
Via Lucia 27
23900 Lecco (Acquate)
Tel. 03 41 49 45 94
Traditionelle Gerichte wie Bandnudeln mit Hasensugo und frischen Pilzen, Missoltino vom Grill mit Polenta und Tagliolini mit Forellensugo. ●●●
■ **Antica Osteria del Torchio**
Vicolo Granai 12
23900 Lecco
Tel. 03 41 28 27 37
www.osteriadeltorchio.it

In dieser beliebten Weinbar werden zum Rebensaft auch leckere Salate, Wurst- und Käseplatten serviert. Mi geschl. ●−●●

Civate 24

Kunstfreunde kommen nicht um den Ort Civate herum. Von ihm aus erreicht man nach knapp einer Stunde Fußweg durch das Valle dell'Oro am Osthang des Monte Cornizzolo die Kirche **San Pietro al Monte** (639 m). Den Besuchern vermittelt die Abgeschiedenheit einen nachhaltigen Eindruck.

Ursprünglich war San Pietro als einfache Saalkirche mit Ostapsis angelegt. Erst im 11. Jh. wurde der Eingang auf die Ostseite verlegt, um eine direkte Verbindung zum tiefer gelegenen **Oratorio San Benedetto**, einem romanischen Zentralbau, zu erreichen. Seine überragende kunsthistorische Stellung gewinnt San Pietro durch Fresken und Stukkaturen des ausgehenden 11. Jhs., die den Einfluss byzantinischer Künstler zeigen.

Die Berge um Lecco

Die Umgebung von Lecco ist ein Paradies für Bergsteiger. Gegen Osten hin bildet der bis zu 1875 Meter hohe Kamm des **Resegone** einen markanten Abschluss. Unmittelbar über den Dächern der Stadt Lecco ragt der 1028 m hohe **Corno Medale** in den Himmel.

Bereits 1881 wurde in dem Berg-massiv **Le Grigne** eine erste Berg-steigerhütte errichtet. Noch vor dem Jahr 1900 stand auch auf dem höchsten Punkt des Massivs, dem 2409 m hohen Grignone, ein winziges *Rifugio* (Schutzhaus).

Heute sind die Berge rund um Lecco durch ein dichtes Netz von Wanderwegen erschlossen. Zu-sätzlich gibt es rund ein Dutzend *Vie ferrate* (Klettersteige) sowie mehrere im Sommer bewirtschaf-tete Schutzhäuser. Und im Winter kann man bei genügend Schnee sogar Ski fahren, zum Beispiel auf gut 1300 m Höhe an den Piani d'Erna am Resegone.

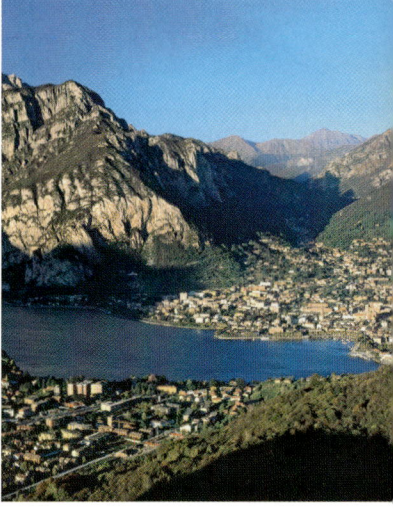
Blick vom Corno Medale auf Lecco

*Parco delle Grigne 25

Zusammen mit dem Resegone bilden die Grigne das felsig-alpine Hinterland Leccos. Hauptgipfel des fast hundert Quadratkilome-ter großen Kalkmassivs, das sich zwischen dem Ostufer des Lario und der Valsassina erhebt, sind der 2409 m hohe Grignone (auch Grigna Settentrionale) und die 2177 m hohe Grignetta (auch Grigna Meridionale).

Den besten Ausgangspunkt er-schließt die 8 km lange <mark>Serpenti-nenstraße zu den Piani di Resi-nelli</mark> (1280 m). Sie zweigt im Örtchen Ballabio ab und führt hi-nauf zum Mittelgebirgsplateau zwischen dem Monte Coltignone (1473 m) und der Südlichen Gri-gna (2177 m). Markierte Wege haben das Rifugio Rosalba (1720 m, 2 ¾ Std.) und die Grigna Meridionale (2177 m, 2 ½ Std.,

nur für Geübte) zum Ziel. Eine interessante, teils gesicherte Grat-route verbindet die Südliche Gri-gna mit dem Grignone (3 Std.).

*Resegone 26

Das Pendant zu den Grigne bildet im Osten von Lecco der 1875 m hohe Resegone, ein beliebtes Wandergebiet mit markierten Anstiegswegen. Die Seilschwebe-bahn zu den 1329 m hohen Piani d'Erna, wo es auch ein kleines Skigebiet gibt, verkürzt den lan-gen Zugang auf gut zwei Stunden. Wer nicht zum Resegone aufstei-gen, wandert ab der Bergstation auf einem Lehrpfad mit 20 Statio-nen. Ansonsten erfolgt der An-stieg durch den »Canale del Bob-bio«, für den Trittsicherheit erforderlich ist. Inklusive Abstieg zur Talstation dauert die Tour etwa 5 Std.

Infos von A–Z

Ärztliche Versorgung
Für Mitglieder gesetzlicher Krankenkassen ist die ambulante Behandlung in Italien kostenlos. Bei kleineren Verletzungen kann man sich in die Erste-Hilfe-Station (Pronto Soccorso) eines Krankenhauses begeben. Für eine umfangreichere Behandlung benötigt man die Europäische Krankenversicherungskarte (EHIC), die man bei seiner Krankenversicherung erhält. Der zusätzliche Abschluss einer privaten Reisekrankenversicherung empfiehlt sich.

Diplomatische Vertretungen
- **Deutschland**
Italien: Via Solferino 40, 20121 Milano, Tel. 0 26 23 11 01, info@mailand.diplo.de, www.mailand.diplo.de
Schweiz: Via Soave 9, 6900 Lugano, Tel. 0 91-9 22 78 82
- **Österreich**
Italien: Piazza del Liberty 8, 20121 Milano, Tel. 02 78 37 41, mailand-kf@bmeia.gv.at, www.aussenministerium.at/mailandkf
Schweiz: via Pretorio 7, 6901 Lugano, Tel. 0 91 9 13 40 07
- **Schweiz**
Via Palestro 2, 20121 Milano, Tel. 0 27 77 91 61, mil.vertretung@eda.admin.ch, www.eda.admin.ch/milano

Elektrizität
Die Netzspannung beträgt 220 Volt. Adapter für die italienischen Steckdosen (spina di adattamento) gibt es im Elektrohandel.

Einreise
Bei der Einreise nach Italien gibt es für EU-Staatsangehörige und Schweizer keine Passkontrollen mehr. Pass oder Identitätskarte sollte man jedoch dabei haben, um sich bei Kontrollen ausweisen zu können.

Feiertage
- **Italien:** 1. Jan., 6. Jan., Ostermontag, 25. April (Tag der Befreiung), 1. Mai, 1. So im Juni, 15. Aug., 1. Nov., 1. So im Nov., 8., 25. und 26. Dez.
- **Tessin:** 1. Jan., 19.3., Karfreitag, Ostermontag, Christi Himmelfahrt, Pfingstmontag, Fronleichnam, 29.6., 1. Aug. (Nationalfeiertag), 15. Aug., 1. Nov., 8., 25. und 26. Dez.

Geld und Währung
Die Währungseinheit in Italien ist der Euro (€), in der Schweiz der Schweizer Franken (CHF). Zum Geldabheben rund um die Uhr stehen flächendeckend EC-Geldautomaten (bancomat) zur Verfügung. Geschäfte, Restaurants und Hotels akzeptieren die gängigen Kreditkarten.

Haustiere
Pflicht ist der EU-Heimtierpass, in dem die gültige Tollwutschutzimpfung eingetragen ist. Die Tiere müssen mit einem Mikrochip gekennzeichnet sein (Tätowierungen werden bis 2011 akzeptiert). Maulkorb- und Leinenzwang.

Informationen
Das Staatliche Italienische Fremdenverkehrsamt ENIT hat Büros in:
- **ENIT in Deutschland**
10117 Berlin, Friedrichstr. 187, Tel. 0 30/2 47 83 98
60311 Frankfurt/M., Neue Mainzer Str. 26, Tel. 0 69/23 74 34
80538 München, Prinzregentenstr.22, Tel. 0 89/53 13 17,
Alle: www.enit.it

- **ENIT in Österreich**
1010 Wien, Kärntner Ring 4,
Tel. 01/5 05 16 39, www.enit.at
- **ENIT in der Schweiz**
8001 Zürich, Uraniastr. 32,
Tel. 0 43/4 66 40 40, www.enit.ch
- **Schweiz Tourismus**
60070 Frankfurt/M., Postfach 16 07 54,
Tel. 0 08 00 10 02 00 30 (kostenlos),
1015 Wien, Postfach 34
Alle: www.myswitzerland.com
- **Ticino Turismo**
Via Lugano 12, 6501 Bellinzona,
Tel. 0 91/8 25 70 56, www.ticino.ch

Kriminalität

Es gelten die allgemeinen Vorsichtsmaßnahmen: Keine Wertsachen, Pässe und andere Dokumente im Auto liegen lassen, Hotelsafe nutzen, im Gedränge auf die Handtasche achten.

Markenpiraterie

[!] Kaufen Sie in Italien auf keinen Fall gefälschte Marken! Wer erwischt wird, der zahlt auch als Käufer horrend hohe Strafen.

Notruf

- **Italien:** Polizei 112 und 113, Feuerwehr 115, Pannenhilfe 116
- **Schweiz:** Polizei 117, Feuerwehr 118, Straßenhilfe 140

Öffnungszeiten

- **Banken:** in Italien Mo–Fr 8.30 bis 13.30 und 15–16 Uhr, im Tessin Mo–Fr 9–12 und 14–16.30 Uhr
- **Geschäfte:** In der Regel werktags 9–12.30 und 15.30–19.30 Uhr, im Tessin 8–12.30 und 13.30–18.30 Uhr (Sa bis 17 Uhr); einige Geschäfte sind in den Städten am Montagvormittag geschlossen.
- **Kirchen:** Aufgrund zahlreicher Kunstdiebstähle sind viele Kirchen verschlossen (Schlüssel in der zuständigen Pfarrei).

Telefonieren

ist möglich bei der Telecom, in Telefonhäuschen, in Geschäften oder Bars (gelbe Wählscheibe). In öffentlichen Telefonzellen benötigt man die *scheda telefonica* (Telefonkarte, erhältlich in Tabacchi- oder Zeitschriftenläden). Auch bei Ortsgesprächen muss die Vorwahl immer mitgewählt werden! Das Mobilfunknetz ist hervorragend ausgebaut.

Vorwahl aus Italien: Deutschland 00 49, Schweiz 00 41, Österreich 00 43. Vorwahl Italien 00 39 plus Ortsnetzkennzahl einschließlich der Null.

Trinkgeld

In Restaurants sind rund 10 % des Rechnungsbetrages üblich.

Zoll

Zollfrei sind Waren des persönlichen Bedarfs. Innerhalb der EU gelten für Waren des persönlichen Bedarfs folgende Richtmengen: 800 Zigaretten, 10 l Spirituosen und 90 l Wein. Für Schweizer gilt: 200 Zigaretten, 1 l Spirituosen, 2 l Wein und Souvenirs bis zum Gesamtwert von 300 CHF

Urlaubskasse	
Tasse Espresso	al bar 0,90 € Terrasse 1,70 €
Softdrink	al bar 2,60 € Terrasse 4 €
Glas Bier	al bar 2,80 € Terrasse 5 €
Imbiss (Panino, Pizza)	5 €
Kugel Eis	1 €
Taxifahrt (Kurzstrecke 8–10 km)	15 €
Mietwagen pro Tag	ab 50 €

Register

Reiseplanung

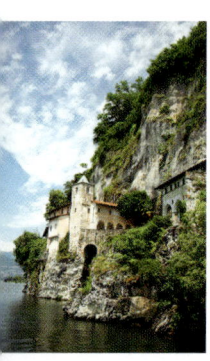
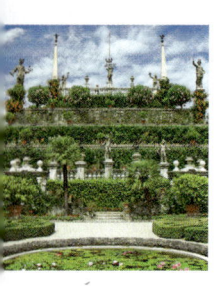

POLYGLOTT on tour

Lago Maggiore

Luganer und Comer See

W0088063

Die Autoren
Christine Hamel

studierte in Florenz, London und München Germanistik, Politologie und italienische Literaturwissenschaften. Sie arbeitet heute als freie Publizistin in München, lebt aber auch jedes Jahr viele Wochen in Oberitalien, seit Kindheitstagen ihre zweite Heimat.

Klaus-Peter-Hütt

Der Diplom-Geograph arbeitete viele Jahre als Studienreiseleiter und freier Fotograf. Immer wieder führten ihn Reisen an die Oberitalienischen Seen. Heute ist er Produktmanager bei einem führenden Studienreiseveranstalter.